金融结构演化与企业融资选择

陈余磊 著

重庆大学出版社

图书在版编目(CIP)数据

金融结构演化与企业融资选择 / 陈余磊著. -- 重庆 : 重庆大学出版社, 2025. 6. -- ISBN 978-7-5689-5157-9

Ⅰ. F832.1;F279.23

中国国家版本馆 CIP 数据核字第 2025SB8285 号

金融结构演化与企业融资选择

陈余磊 著

策划编辑:顾丽萍

责任编辑:杨 扬 版式设计:顾丽萍

责任校对:刘志刚 责任印制:张 策

*

重庆大学出版社出版发行

社址:重庆市沙坪坝区大学城西路 21 号

邮编:401331

电话:(023) 88617190 88617185(中小学)

传真:(023) 88617186 88617166

网址:http://www.cqup.com.cn

邮箱:fxk@ cqup.com.cn (营销中心)

全国新华书店经销

重庆新生代彩印技术有限公司印刷

*

开本:720mm×1020mm 1/16 印张:13 字数:186 千

2025 年 6 月第 1 版 2025 年 6 月第 1 次印刷

ISBN 978-7-5689-5157-9 定价:69.00 元

前　言

本书沿着“金融结构演化→银行主导与市场主导优劣对比→最优金融结构→金融与经济协调发展→金融资产供需均衡”的脉络进行文献研究与评述，以“金融资产供需均衡”作为“宏观经济政策→微观企业行为”之间的跳板，提炼出从宏观金融发展到微观企业融资选择的分析框架，即“金融与经济协调发展→金融资产供给与金融资产需求实现均衡→金融市场债权类/股权类金融资产的供给与企业对于债权类金融资产/股权类金融资产的融资选择”。考虑到经济金融发展实践，金融发展水平通常会滞后或是超前于同期经济发展水平，但两者会自发或非自发地改进优化，渐进地实现协调发展。首先，对于金融发展，不仅表现为金融规模的扩大，更表现为金融结构的动态演化，并最终通过金融资产的供给规模、供给结构的调整作用于经济增长。在“二元”金融结构分析视角下，银行主导型与市场主导型金融结构的优劣争论，实际上是争论债权类金融资产与股权类金融资产的孰优孰劣，此为金融资产的供给问题。其次，对于经济发展，由于要素禀赋、技术水平、产业结构等的时刻变化，决定了不同时间、空间范围内经济发展对于金融资产的需求存在差异。企业作为经济体内最基本的构成单元，是金融资产的需求主体，在融资时也必然面临选择债权类金融资产还是股权类金融资产的问题，此为金融资产的需求问题。

需要指出的是，金融资产的供求均衡的实现无法脱离其所处的特定金融环境，就金融结构演化视角而言，虽然中国金融结构有其固有特点，但自实施金融体制改革以来中国的金融结构出现了较为显著的市场化演化趋势，因此在研究金融市场的金融资产供给与企业融资的金融资产需求之间的关系时，有必要对中国金融结构演化背景进行充分考察。基于上述分析，本书对中国金融结构演化趋势进行分析，研究金融结构演化背景下的经济增长，以及金融资产供给与

企业融资选择之间的关系,并构建实现金融资产供需均衡的双边匹配决策机制。本书的主要内容和研究结论如下:

第一,从宏观金融结构、银行业结构、金融资产结构三个维度分析中国金融结构演化趋势,探究中国金融结构的主要特征以及金融资产的供给现状。首先,选取规模水平、活力水平与效率水平这三个维度对中国宏观金融结构市场化程度进行测度,结果显示中国金融结构的市场化程度是逐步提升的。其次,采用赫芬达尔指数(HHI)、银行总资产集中率(CR_4)对银行业市场结构进行测度,结果表明中国银行业市场结构由高寡占向低寡占过渡;而采用银行产权结构指标(Bank-Own)测算结果表明:中国银行业依然表现为国有银行主导的结构特征。最后,对金融资产供给结构的研究表明:银行类金融资产供给增量要显著大于资本市场类金融资产供给增量,说明金融资产供给也呈现出“银行主导”的结构特征,即中国金融资产供给呈现出“货币多、资本少”的特征。此外,借鉴“资产短缺”假说对中国金融资产短缺情况进行分析,发现中国绝大部分年份是存在金融资产供给短缺的。综合而言,经过多年发展,中国金融结构总体呈现出市场化的演化趋势,但是依然具有较为显著的“双重主导型”的特征。

第二,从金融结构演化的视角,对中国金融资产的供给结构、供给短缺问题及其经济后果进行分析。首先,采用 Granger 因果检验和脉冲响应函数研究宏观金融结构演化与金融资产供给之间的关系,结果表明短期内资本市场的相对规模扩大、交易效率的提高会促使宏观金融结构呈现出市场化演化趋势,但是从中长期而言,银行业稳固的主导地位会抑制宏观金融结构的市场化演化。其次,构建了反映金融资产供需关系的经济增长模型,理论研究发现经济增长水平的提升大小除了与金融资产供给量有关,还与金融资产短缺指数 η 的大小相关,即可获得 $R(\eta)$ 的乘数效应。当金融资产供给处于短缺状态($0<\eta<1$)时,此时 $R(\eta)>1$,增加金融资产供给会促使经济增长的速度加快;而当金融资产供给处于过剩状态($-\infty<\eta<0$)时,此时 $0<R(\eta)<1$,减少金融资产供给会促使经济增长下降的速度减缓。最后,通过实证研究对金融结构演化、金融资产供给与经

济增长之间的关系进行分析，结果表明宏观金融结构市场化的规模水平、活力水平的提升均会促进经济实现正向发展，但是规模水平的提升作用更大；银行信贷资产、股票资产、债券资产的增加会促进经济增长，但促进作用大小存在差异；此外，实证结果还表明金融资产短缺并不必然会阻碍经济发展。

第三，对金融结构"双重主导"特征下的企业融资选择问题进行分析。首先，通过构建数理模型从风险—收益权衡角度对企业如何进行融资选择进行分析，研究发现项目投资风险越大的企业倾向于选择股权融资方式，并且风险越大的投资项目需要提供更多的固定资产作为融资担保，较高固定资产价值会使得企业在股权占比、利息支付等方面具有竞争力。其次，金融结构演化与企业融资的关系分析表明，鉴于我国金融结构的银行主导特征，银行信贷规模调整是我国货币政策的传导机制中最主要的传导渠道。此外，不管是银行信贷类资产，还是IPO、增发、配股等股权类资产均呈现快速增长的趋势，但是银行信贷类资产融资一直是我国上市公司融资的主要方式。最后，采用实证方法研究金融结构"双重主导"特征对企业融资选择的影响，结果表明以规模和效率衡量的金融结构市场化提升会促使上市公司财务结构优化，即负债权益比率、资产负债率降低，股票、债券类、权益类资本市场规模的扩大，服务效率的提升，会促使上市公司权益类资产规模的上升；另外研究表明银行业市场结构、产权结构均具有调节作用，能够进一步强化国有企业的产权属性、高管金融背景的作用，有利于企业获取更多的银行信贷资源。

第四，将投融资决策界定为双边匹配决策问题，借鉴双边匹配决策理论提出解决金融资产供需均衡问题的方法。首先，在"二元"金融结构演化背景下，金融资产供给可划分为债权类金融资产与股权类金融资产，而企业在融资时往往会面临是选择债权类金融资产，还是选择股权类金融资产，其实这就涉及供需双方的投融资决策问题。其次，作为金融资产供给主体的各金融机构在选择投资对象时，通常自有一套评价指标体系，而作为金融资产需求主体的各个企业，在选择融资对象时，也自有一套评价指标体系。需要指出的是，金融机构与企业的评价指标体系各不相同,因此金融资产供需匹配是一个考虑不同评价指标期望信息的多指标双边匹配决策。再次,借鉴公理设计的思想,信息总容量最小的方案即为最佳方案,构建基于公理设计的双边匹配决策方法,据此可求得最佳决策方案。最后,鉴于金融资产供需是一个多指标评价信息的双边匹配决策问题,金融资产供需双方在构建指标时,应充分考虑风险—收益水平,并将前文研究到的固定资产价值、抵押品折旧率等因素纳入指标体系,并对此进行了算例分析。

本书的研究成果有助于提高相关领域的学术水平和研究能力,进而推动学科发展。此外,本书的研究成果有助于深化人们对在中国金融发展情境下的企业融资行为的认识和理解,可以帮助人们更好地认识和把握经济发展的规律和趋势,为未来的经济发展提供指导和借鉴。在本书的写作过程中,笔者参阅了大量的国内外学术资料,这些资料为笔者的写作提供了启迪与帮助。笔者在本书中对所有直接引用的参考资料都尽可能地逐一注明出处,并在文末列出,如有遗漏,实非故意,谨请原作者谅解,在此向所有被引用和参阅文献的原作者表示诚挚的感谢。

由于种种因素,本书可能存在许多不足之处,希望同行专家和学界朋友对本书存在的不足甚至错误给予批评指正,以便笔者在以后的研究工作中予以改正。

陈余磊

2024 年 8 月

目　录

第一章

1 绪论

1.1 选题背景

理论与实践均表明,金融发展水平通常会滞后或是超前于同期经济发展水平,但两者会自发或非自发地改进优化,渐进地实现协调发展。Caballero(2006)提出了"资产短缺"假说,他认为当金融资产需求与供应相等时,金融市场就实现了均衡,此时金融与经济即可实现协调发展;而当资产供应不能满足需求时,则会出现金融资产的短缺,说明金融发展相对滞后于经济发展。Caballero 认为受历史、体制等因素的制约,新兴经济体在经济持续快速增长一段时间后,将会存在相当程度的金融资产短缺现象。以中国为代表的新兴经济体,由于金融发展长期滞后于经济发展,其资本产出能力与资产创造能力存在一定程度的不对等,资本产出能力显著超过资产创造能力,便会产生金融资产短缺现象,当然欧美、日韩等发达经济体在经济发展的初期阶段同样面临这一问题,本质上是金融发展与经济增长不协调的表现之一。

与欧美发达国家市场主导型的金融体系有所不同,由于中国金融发展历程的特殊性,中国资本市场起步晚,规模相对较小且功能不完善,因此中国金融体系的构成以银行为主、资本市场为辅,即为银行主导型的金融结构。近 40 年,中国金融体系进行了一系列改革,如商业银行股份制改造、外资准入、中小银行设立、多层次资本市场构建等,中国资本市场取得了快速发展。中国金融发展历程可以分为四个阶段:①金融体系恢复期(1978—1984 年),对单一银行体制进行改革,中国人民银行总行从财政部分离、四大国有专业银行设立,以及股票发行、保险业恢复,适应改革开放要求的金融体系初显雏形。②全面建设期(1985—1993 年),四大国有专业银行向国有商业银行转型、中小型商业银行设立、全国银行间债券市场初步形成,并且实施了发展金融市场体系的试点改革,先后设立了上海证券交易所、深圳证券交易所,使金融体系更加适应市场经济需求。③全面配套改革期(1994—2000 年),该阶段对中央银行体系、金融宏观调控体系、金融组织体系、金融市场体系和外汇管理体系进行了全面改革,金融体系各系统职能更加清晰完善，金融监管也向法制化、规范化迈进，该阶段金融整体规模不断扩大，金融功能也逐渐完善。④金融改革加速期（2003 年至今），先后经历加入 WTO、商业银行股份制改造、中小企业板市场设立、中小型股份制银行设立等，金融体制改革成效凸显。金融创新层出不穷，金融资产规模空前扩大，多元化的商业银行体系和多层次的金融市场体系得以建立，形成了以“自由化”“商业化”“国际化”为主要特征的中国金融体制。结合中国金融发展历程，可以发现 1978—1993 年中国金融体系处于恢复期和全面建设期，资本市场尚处建设初期，规模较小且功能很不完善，故而该阶段中国金融体系呈现出绝对的“银行主导”特征，银行在金融体系中处于绝对主导地位。随着经济的不断发展，各类经济主体对直接融资的需求逐步上升，20 世纪 90 年代初期，上海证券交易所与深圳证券交易所相继成立，中国金融业进入全面配套改革和改革加速期，金融功能逐渐完善，中国宏观金融体系在结构、规模与功能等方面都发生了重大而深刻的变革。虽然中国金融业取得了长足发展，银行业、资本市场均取得了快速发展，但是依旧没有改变银行主导型的金融结构。

基于上述分析，金融发展与经济发展是否能够实现协调发展，关键在于金融资产供给与金融资产需求能否实现均衡。首先，对于金融发展，不仅表现为金融规模的扩大，更表现为金融结构的动态演化，并最终通过金融资产的供给规模、供给结构的调整作用于经济增长。在“二元”金融结构分析视角下，银行主导型与市场主导型金融结构的优劣争论，实际上是争论债权类金融资产与股权类金融资产的孰优孰劣，此为金融资产的供给问题。其次，对于经济发展，由于要素禀赋、技术水平、产业结构等的时刻变化，决定了不同时间、空间范围内经济发展对于金融资产的需求存在差异。企业作为经济体内最基本的构成单元，是金融资产的需求主体，在融资时也必然面临选择债权类金融资产还是股权类金融资产的问题，此为金融资产的需求问题。而金融资产供需均衡的实现必然要考虑其所处的特定金融环境特征，就金融结构演化视角而言，虽然中国金融结构有其固有特点，但自实施金融体制改革以来，中国的金融结构发生了较为显著的市场化演化趋势，因此有必要将金融资产供求关系的研究置于这样的金融环境之下,即在充分考虑金融结构演化背景的前提下,对金融市场的金融资产供给与企业融资的金融资产需求之间的关系进行研究。

1.2 研究意义

1.2.1 理论研究意义

①一直以来,理论界认为“宏观经济政策与微观企业行为之间传导机理”是经济学和管理学研究的一个难点,本书所研究的主题恰好属于这一类,那么如何构建从宏观金融发展到微观企业融资行为之间的关系,就成为本书研究的难点。通过阅读大量文献,涉及多个学科、多个研究领域,尤其是 Caballero(2006)的“资产短缺”假说,以及“金融与经济协调发展”理念,为本书实现从宏观金融发展到微观企业行为的衔接提供理论引导。本书引入“金融资产供需均衡”这一观点,将金融发展界定为金融资产供给、经济发展界定为金融资产需求,而金融资产供给的主体为金融市场(包含银行业、资本市场),金融资产需求的主体为企业。并且沿着“金融结构演化→银行主导与市场主导优劣对比→最优金融结构→金融与经济协调发展→金融资产供需均衡”的脉络进行梳理,以“金融资产供需均衡”作为“宏观经济政策→微观企业行为”的跳板,提炼出了从宏观金融发展到微观企业融资选择的研究框架,即“金融与经济协调发展→金融资产供给与金融资产需求实现均衡→金融市场债权类/股权类金融资产的供给与企业对于债权类金融资产/股权类金融资产的融资选择”,因此本书的研究可视为“宏观经济政策与微观企业行为之间传导机理”研究领域的一个尝试。

②尝试采用双边匹配决策理论来解决金融资产供给与金融资产需求问题。依据“二元”金融结构将金融资产划分为债权类金融资产、股权类金融资产,作为金融资产供给主体的各金融机构在选择投资对象时,通常自有一套评价指标体系,而作为金融资产需求主体的各个企业,在选择融资对象时,也会自有一套

评价指标体系。需要指出的是,金融机构与企业的评价指标体系各不相同,因此金融资产供需匹配是一个考虑不同评价指标期望信息的多指标双边匹配决策。在借鉴前人研究的基础上,本书尝试构建基于公理设计的双边匹配决策机制,拓宽了双边匹配理论在金融领域的应用。

1.2.2 现实研究意义

通过采用宏观金融结构、银行业结构、金融资产结构对金融结构进行多维度的研究,证实了中国金融结构的市场化演化趋势,但也明确提出中国金融结构依然具有较为显著的“双重主导型”的特征。实证研究提出了宏观金融结构市场化提升会促使上市公司财务结构优化,以及银行业的市场结构、产权结构特征能够进一步强化国有企业产权属性、高管金融背景的作用的观点。此外,在企业融资选择机理的研究中提出了投融资主体需要重点关注固定资产价值的在债权融资与股权融资中的重要性的观点。这些研究结论能够为投融资主体进行决策提供参考,尤其对于企业而言,在企业融资决策过程中要充分考虑宏观金融发展背景、关注金融结构演化对自身财务结构优化的作用,以及企业产权属性、高管金融背景、固定资产价值等要素在企业融资中的作用。

1.3 研究内容与方法

1.3.1 研究内容

本书沿着“金融结构演化→银行主导与市场主导优劣对比→最优金融结构→金融与经济协调发展→金融资产供需均衡”的脉络进行文献研究与评述,认为金融结构演化研究的核心问题是“两分法”金融结构的对比,一是探讨银行主导与市场主导的金融体系孰优孰劣,二是探讨是否存在一个普遍适用且相对稳定的最优金融结构。进一步将金融结构演化的研究总结为:在实现金融与经济协调发展的前提下，如何调整资本市场与银行市场的相对关系，以更好地实现金融资产供给与金融资产需求的均衡。基于此，本书对金融结构演化趋势进行分析，研究金融结构演化与经济增长，以及与企业融资选择之间的关系，并提出实现金融资产供需均衡的双边匹配决策机制。本书的主要内容如下：

第一，从宏观金融结构、银行业结构、金融资产结构三个维度分析中国金融结构演化趋势，探究中国金融结构的主要特征以及金融资产的供给现状。首先，选取规模水平、活力水平与效率水平这三个维度对中国宏观金融结构市场化程度进行分析。其次，采用赫芬达尔指数、银行总资产集中率、银行产权结构指标对银行业结构进行研究。最后，对金融资产供给特征进行总结，并借鉴“资产短缺”假说对中国金融资产短缺情况进行分析。

第二，从金融结构演化的视角，对中国金融资产的供给结构、供给短缺问题及其经济后果进行分析。首先，采用 Granger 因果检验和脉冲响应函数对宏观金融结构演化与金融资产供给之间的关系进行研究。其次，构建反映金融资产供需关系的经济增长模型，理论分析金融资产供给、资产短缺与经济增长之间的关系。最后，对金融结构演化、金融资产供给与经济增长之间的关系进行实证分析，并对金融资产短缺与经济增长的关系进行验证。

第三，对金融结构“双重主导”特征下的企业融资选择问题进行分析。首先，通过构建数理模型从风险—收益权衡角度，对企业如何进行股权融资与债权融资的选择进行分析。其次，分析金融结构演化与企业融资的关系，并对上市公司融资现状进行分析。最后，采用实证方法研究金融结构“双重主导”特征对企业融资选择的影响，分析金融结构市场化提升对上市公司财务结构的影响，以及银行业市场结构、产权结构对国有企业的产权属性、高管金融背景的调节作用。

第四，借鉴双边匹配决策理论提出解决金融资产供需均衡问题的方法。首先，对双边匹配决策理论在金融领域的研究进行评述，将投融资决策界定为双边匹配决策问题。其次，借鉴公理设计的思想，构建基于公理设计的多指标评价信息双边匹配决策方法。最后，结合前文对企业融资选择的相关研究，构建金融资产供需双方的多指标评价体系，并采用上述决策方法进行算例分析。

第五,研究结论与展望。对本书的主要研究结论进行概括性总结,探讨其在理论研究,以及金融发展实践、企业投融资决策方面的启示。此外,还对本书的不足之处进行阐述,并在此基础上对后续研究进行展望。

1.3.2 技术路线图

结合上述研究内容,可以得到本书的技术路线图,如图 1.1 所示。

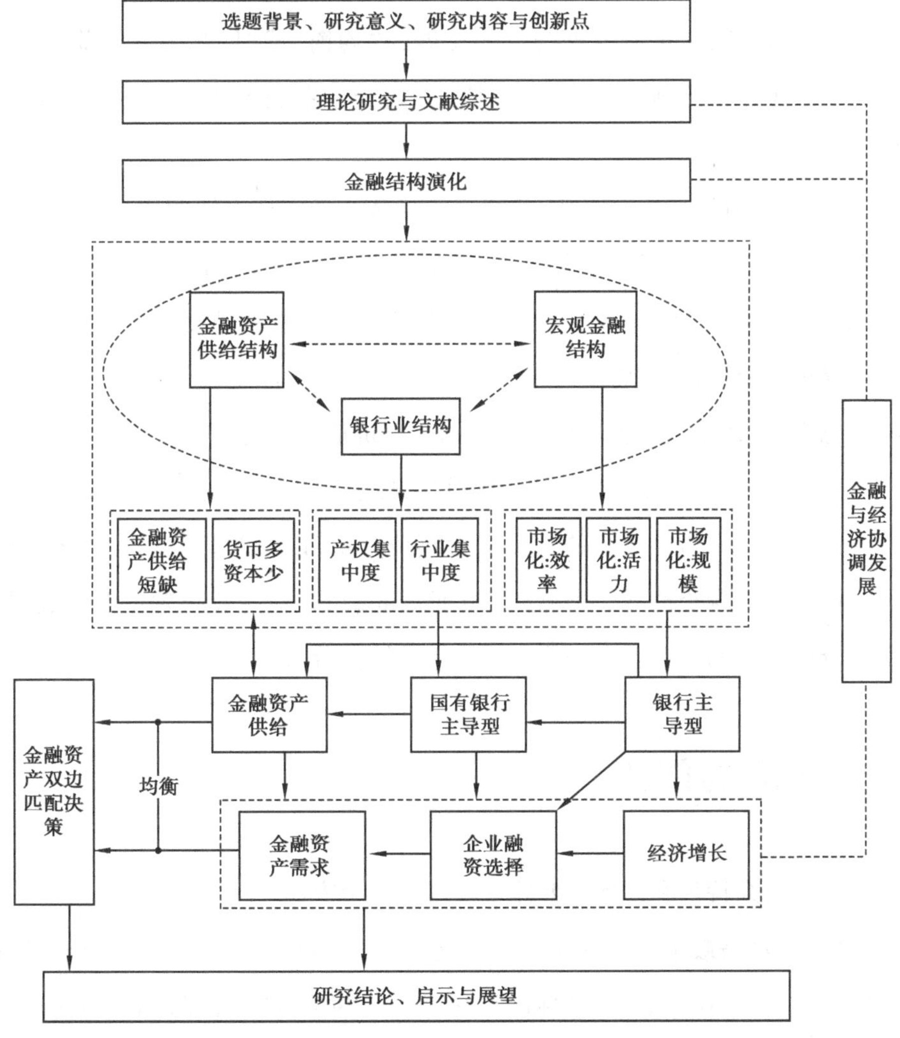

图 1.1 研究技术路线图

1.3.3 研究方法

本书从金融发展理论、投融资理论、双边匹配理论等出发，综合运用规范研究、实证研究等研究方法。

①演绎法和归纳法。沿着“金融结构演化→银行主导与市场主导优劣对比→最优金融结构→金融与经济协调发展→金融资产供需均衡”的脉络进行梳理，对金融结构演化、金融发展与经济发展的“均衡”或“匹配”、金融资产供需均衡的观点进行提炼，归纳整理出本书从宏观金融发展到微观企业融资行为的研究框架。

②数理模型推导的定性研究方法。一是从金融资产短缺假说出发，构建了金融资源供需、短缺与经济增长的数理模型，理论验证了金融资源供给与经济增长之间的关系；二是构建数理模型，从风险—收益权衡角度对企业如何进行融资选择进行分析；三是将企业融资选择界定为双边匹配决策问题，借鉴公理设计的思想，构建了基于公理设计的多指标评价信息双边匹配决策模型。

③实证分析与算例分析。一是利用计量经济学方法，对金融结构演化、金融资产供给与经济增长之间的关系进行实证分析，以及对金融结构市场化、银行业结构对企业融资选择的影响进行实证分析；二是对企业投融资选择过程中的金融资产供需的双边匹配决策问题进行了算例分析。

1.4 可能的创新

本书的研究特色和创新主要体现在以下几个方面：

①“宏观经济政策与微观企业行为之间传导机理研究”被认为是经济管理研究中的难点，难在“宏观”与“微观”之间如何建立作用机理。本书所研究的主题：金融结构演化与微观企业融资行为，恰好属于这一研究范畴，那么如何构

建二者之间的传导机理则是本书的研究难点。通过对“金融结构演化→银行主导与市场主导优劣对比→最优金融结构→金融与经济协调发展→金融资产供需均衡”的脉络进行梳理，本书提出以“金融资产供需均衡”作为“宏观经济政策→微观企业行为”的跳板，构建了“宏观金融结构演化→中观金融资产供需→微观企业融资选择”的研究框架，后续研究也均基于这个框架，可将其视为“宏观经济政策与微观企业行为之间传导机理研究”的一个尝试，故而本书认为这是一个创新之处。

②在上述研究框架下，本书研究了金融结构演化与金融资产供给之间的关系。一方面，研究表明中国的金融结构具有较为明显的“双重主导”的结构特征，一是体现为银行主导型的金融结构，这是从“二元”金融结构演化的角度做出的判断，反映的是“货币多、资本少”的金融资产供给结构问题；二是体现为国有性质银行主导的银行业结构，这是从产权属性角度做出的判断，反映的是银行信贷资产所有权配置倾向的问题。另一方面，通过实证研究分析金融结构“双重主导”特征对企业融资选择的影响，提出了宏观金融结构市场化提升会促使上市公司财务结构优化，以及银行业的市场结构、产权结构特征能够进一步强化国有企业产权属性、高管金融背景的作用，有助于上市公司筹措更多的银行信贷资产。相比较其他学者更多单方面地研究金融结构演化或金融资产供需，而对两者之间关系的研究略有不足，本书在研究金融资产供需时充分考虑其所处的金融结构演化的背景，因此本书认为这是对以往研究的一个增量贡献。

③同样在上述框架下，本书研究了金融资产供给与企业融资选择的关系，并且提出了实现金融资产供需均衡的双边匹配决策机制。在“二元”金融结构演化背景下，金融资产供给可划分为债权类金融资产与股权类金融资产，而企业在融资时会面临选择债权类金融资产还是股权类金融资产，其实这是涉及供需双方的投融资决策问题。鉴于此，本书将投融资决策问题界定为双边匹配决策问题，并且由于金融资产供需双方具有不同的多属性评价指标体系，故而借

鉴双边匹配决策理论构建了基于公理化设计的多指标双边匹配决策模型,为实现金融资产供需均衡提供了可能的解决方案,拓宽了双边匹配理论在金融领域的应用,此为本书的又一创新之处。

第二章

2 从金融结构演化到金融资产供需的理论评述

金融结构演化是金融发展的重要体现,其关键词在“结构”二字。结构从其本义而言是指一个系统内部不同组成要素之间相互作用、相互联系的方式,从动态视角来看任何结构都处于变化之中,即结构演化时刻在发生。“两分法”金融结构的比较研究是金融结构演化最为核心的内容,银行主导型与市场主导型的优劣比较长期以来争论不休,而新结构经济学关于最优金融结构的研究弱化了“两分法”金融结构孰优孰劣的争论,转而聚焦于研究金融发展与经济增长之间的协调关系,认为金融结构的优劣需要与经济增长对金融服务的需求结合起来,进而引申出从金融供给与金融需求角度来研究金融结构的问题。鉴于此,本章节沿着“金融结构演化→银行主导与市场主导优劣对比→最优金融结构→金融与经济协调发展→金融资产供需均衡”的分析脉络,进行文献梳理与评述。

2.1 金融结构演化的理论研究

2.1.1 金融结构演化核心问题界定

金融结构理论(Financial Structure Theory)是金融发展理论的核心内容之一,最先由 Raymond W. Goldsmith(1969)在《金融结构与金融发展》一书中提出,是这一领域的开创性研究。Goldsmith 是现代比较经济学的奠基人之一,他对世界 35 个国家百余年的金融数据资料进行整理和分析,对金融结构与经济增长的关系进行了跨国比较分析,其主要贡献有以下几个方面:首先,Goldsmith 率先提出了综合全面的金融结构和金融发展的概念,他分析了经济发展在不同时期中的金融组织形式,认为金融发展实质上表现为金融结构的进步,对于一个国家或地区而言,金融结构通常由各类金融工具以及各金融机构的组成形式、规模和性质等方面体现出来,故而 Goldsmith 认为金融发展最直接的体现就是金融结构的变化,只要对一个国家或地区的金融结构进行分析,就能很好地把握其金融发展水平及未来发展趋势。其次,Goldsmith 创立了一套体现金融结构特征的指标,如金融相关比率、金融中介比率、金融机构的规模大小和金融工具发行情况等,其中最为重要的为金融相关比率,该指标是衡量经济发展阶段的重要尺度,能够反映一个国家或地区经济发展中金融发展水平,以及金融发展的存量和流量的结构性特征。

Goldsmith 首次采用量化研究的方法对世界主要经济体的金融发展路径进行了比较研究,从而揭示了世界主要经济体金融发展的具体路径和一般规律。Goldsmith 的开创性研究引起了国内外学者对金融结构问题的关注和重视。虽然早期数据搜集存在诸多限制使得 Goldsmith 的研究存在诸多不足,但是他对于金融结构相关问题的研究为后来的学者们奠定了理论基础。例如,Allen 和 Gale(2000)在 Goldsmith 的研究基础上将金融体系划分为“市场主导型”和“银行主导型”两大类,并对这两类金融结构的比较优势进行了分析,Allen 和 Gale 认为金融体系总体上具有多样性与复杂性的特点,银行机构与金融市场是互补而非替代的关系。国内学者结合中国金融结构演化的现实特征,在 Goldsmith、Allen 和 Gale 等人的研究基础上对金融结构的定义做出了进一步探索,如王广谦(2002)将金融结构定义为金融总体各组成部分规模、运作、组成与配合的状态,并指出金融结构是经济与金融发展的客观结果与重要体现,反映了金融与经济发展的层次。白钦先(2005)将金融体系相关要素的组成、相互关系及其数量的比例定义为金融结构,并且提出“金融倾斜”的概念,即间接金融与直接金融两种融资方式的出现存在先后次序。

有关金融结构的对比研究,一直都是国际比较金融体系的研究热点,依据金融中介机构(银行)和金融市场在金融体系中发挥作用的不同,将金融结构划分为银行主导型(Bank-based)的金融结构与市场主导型(Market-based)的金融结构,即所谓“两分法”金融结构等。依据经验或实证分析,我们通常认为美国、英国的金融结构是市场主导型的,而日本、德国的金融结构是银行主导型的

（成学真和黄华一，2016；刘贯春和张思成，2015）。此外，Demirguc-Kunt 和 Levine（1999，2005）则通过衡量银行业发展与股票市场发展的相对比例来划分金融结构，将金融结构划分为四种类型：不发达的银行主导型金融结构、不发达的市场主导型金融结构、发达的银行主导型金融结构以及发达的市场主导型金融结构，虽然有四种类型，但仍然是满足“两分法”金融结构的划分规则。虽然“两分法”的金融结构在一定程度上简化了分析，但是对于现实经济实践而言，“两分法”就显得过于简单，一方面是金融结构可能不仅仅有两种理想的类型，而世界上许多国家的金融体系既不是银行主导型的，也不是市场主导型的，甚至两种类型的金融体系可能出现在一个国家或地区内部，其金融结构往往处于二者的中间地带（Cobham 和 Serres，2000）。“两分法”的研究范式必然导致单纯地探讨各类型的金融结构的优劣得不到足够的样本国家的数据支持。此外，由于各个经济体的法律制度、经济环境、技术特征等存在一定的差异，样本异质性差异往往使得研究结论不那么令人信服（陶春生，2015；汪红驹和李原，2018）。

鉴于上述分析，本书认为金融结构演化研究的核心问题是“两分法”下金融结构的对比研究，主要包含以下两个方面：一是探讨银行主导与市场主导的金融结构孰优孰劣的争论，二是探讨是否存在一个普遍适用、相对稳定的最优金融结构（Levine，2002；Campello 等，2010；Castro 等，2015）。

2.1.2 市场主导与银行主导的金融结构优劣对比

20 世纪 90 年代初，随着金融自由化、经济市场化程度的不断加深，以日本为代表的银行主导型国家银行坏账率持续上升、经济也出现了严重的衰退；几乎在同一时期，市场主导型金融结构的美国却实现了经济持续稳定的增长。于是一些东欧及拉美国家开始推进市场主导型金融结构体系的转变。然而，2008 年美国金融危机的爆发，又暴露出金融市场主导型金融结构体系的脆弱性与种种弊端，自此金融结构优劣的争论再次引起广泛关注。因此，西方学者又开始以“两分法”金融结构为基础的市场主导型和银行主导型金融结构孰优孰劣的争论。当然，关于金融结构的理论争论，存在三种截然不同的观点，分别为银行主导型的金融结构优势论、市场主导型的金融结构优势论，以及金融服务理论。

就以银行为主的金融结构体系而言，在储蓄动员、公司治理、投资甄别等方面更有优势，尤其是在经济发展初级阶段，企业外部资金来源主要是银行的间接融资。Diamond(1984)、Ramakrishan 和 Thakor(1984)等认为金融中介机构更容易获取企业经营者的信息，以便于降低管理成本，因此有助于优化资本配置和改善公司治理。Gerschenkron 认为银行主导型的金融体系（如德国）比市场导向型金融体系（如英国）在动员储蓄、投资转化、公司控制、信息成本等方面更有优势。Bencivenga 和 Smith(1991)、Allen 和 Gale(1999)认为银行主导型的金融体系在处理流动性风险，以及跨期配置方面更有优势，故而能够促进投资效率的提高，实现经济增长。Sirri 和 Tufano(1995)，Boot 和 Thakor(1997)指出银行性质的金融中介机构作为为投资者提供服务的中介部门，在企业监督管理、降低企业道德风险方面更为有效。

相比之下，市场主导型金融结构优势论强调发达资本市场在促进良好经济绩效中的优势，并强调银行主导型金融体系的问题。Boot 和 Thakor(1997)、Allen 和 Gale(1999)认为竞争特点更强的资本市场在发布和扩散信息方面具有天然的优势，能够迅速地向投资者传递相关信息，从而可以降低信息成本和交易风险，而这对提高企业融资效率和促进企业经营绩效具有积极的意义。Levine(2002)认为规模大、流动性强且功能健全的市场能够促进经济增长和利润激励，能够提升公司治理能力，实现风险管理。此外，支持者在肯定市场体系时，也指出了银行主导型金融体系存在的一些问题，如 Hellwig(1991)、Rajan(2001、2006)认为银行体系可能会使得企业从内外两方面失去活力，一方面银行的实力过于强大，故而倾向于让企业从事更加保守的投资项目，企业主体为获取信贷资金更倾向于低风险的投资项目，另一方面由于银行要求大量的资金使用成本，进一步压缩了企业利润空间，这就促使企业没有足够的动力去从事技术创新、工艺改造等活动。此外，Hellwig(1998)、Wenger 和 Kaserer(1998)认为规模较大的银行由于受到的管制相对较少，容易与企业经营者形成共谋，从而侵害其他相关主体的合法利益，不利于公司治理政策的制定和执行。

在“两分法”金融结构优劣争论无果的情况下，美国著名经济学家、诺贝尔奖获得者 Merton(1995)教授将金融体系的功能归纳为六个方面，提出了金融服务理论(金融功能理论)。金融服务理论认为金融体系最基本的功能是在不确定、跨时空的环境下配置金融资源，为经济发展提供金融服务。实际上，金融服务理论与银行主导型优势论和市场主导型优势论是一致的，认为与采取何种金融结构相比，金融服务本身才是最重要的。金融服务理论认为银行和市场是金融体系的不同组成部门，在提供金融服务方面各有优劣，因此二者不是相互竞争，而是互补的关系，资金来源并不是争论的关键，重要的是如何建立稳健有效的金融服务环境，提高金融服务的质量。对于孰优孰劣，至今也无法形成定论，但是可以肯定的是银行和资本市场作为金融体系的不同组成部分，在服务经济发展方面各有优劣，二者是互补而非竞争的关系。

2.1.3 最优金融结构的理论探讨

Asli-Demirguc-Kunt 等(2011)对最优金融结构(Optimal Financial Structure)进行了研究，并且采用“金融结构缺口”来衡量最优金融结构是否达到最优，将金融结构缺口定义为一个经济体的实际金融结构数值与最优金融结构(发达国家)估计值之间的差值，并且认为不管是银行主导型金融结构，还是市场主导型金融结构，金融结构缺口的数值越小说明金融结构越优，而金融结构缺口数值越大，则表示这一经济体的实际金融结构与最优金融结构的偏离程度越高。需要说明的是，Asli-Demirguc-Kunt 等人认为 OECD 国家金融体系较为发达，认定它们的金融结构是最优的，故而以此作为最优金融结构的估计值，但是却忽略了不同国家异质性的存在，未能考虑被研究对象客观的经济发展水平、经济特征、金融环境以及制度环境等，以此作为衡量标准来计算最优金融结构缺口显然不太令人信服。林毅夫(2009)、张建平(2015)、Bolton(2000)等人也对此提出异议,他们认为并不存在适合任何国家的最优金融结构形态,一个经济体的金融结构是否有效,并非考察这个经济体的金融结构是否与其他发达经济体的金融结构相一致,而是要考察本国的金融结构是不是与本国要素禀赋所决定的金融结构相类似,这样的金融结构才是最优的。

林毅夫等人(2009、2012)、Lin(2013、2015)提出的新结构经济学中的最优金融结构理论,弱化了银行主导型与市场主导型"两分法"金融结构孰优孰劣的争论,该理论研究的出发点是找到能够使经济发展水平达到最优时的金融结构,并且认定此时的金融结构是最优的,该理论以金融发展与经济发展的相互协调为前提,在寻求金融发展与经济发展相协调的前提下研究"二元"金融结构的最佳构成。上述最优金融结构理论体现出经济与金融协调发展的理念,对一个国家或地区而言,通常存在与其经济发展水平、要素禀赋相匹配的最优金融结构,在该状态下金融体系所提供的金融资源、金融服务恰好能够满足经济发展需求,即金融需求与金融供给达到均衡状态。对于最优金融结构存在的问题,研究表明由于不同国家存在如经济体制、经济规模、工业体系、要素禀赋等异质性差异,究竟哪种金融结构最优很难确定,需要结合经济发展所处阶段、经济发展特征等方面进行研判。新结构经济学中的最优金融结构概念的提出,淡化了银行主导型金融结构体系与市场主导型的金融结构体系孰优孰劣的争论。相较于金融深化理论、金融结构理论等,最优金融结构理论更加强调经济发展与金融发展的均衡匹配,重点探究如何实现金融发展、金融结构演化与经济发展相互协调,即一方面要求经济实现可持续发展,另一方面又要求金融发展不可过度深化、也不可过度抑制(罗文波,2010;赫国胜,2014;季益烽,2014)。龚强、张一林、林毅夫(2014)等人认为,只有金融体系提供的金融服务与实体经济发展所产生的金融需求实现相互均衡,才能最大限度地发挥金融体系的作用和效率,发达国家以高科技含量的产业为主,会产生更大的金融需求,尤其是资本市场提供的金融服务;而发展中国家的产业相对比较成熟(高科技产业比重较小,而传统产业占比较高),银行能够为其提供更有效率的金融服务。

根据微观经济学观点,任何均衡其实都是一种帕累托最优。帕累托最优是一种理想状态,描述的是任何一种改变,在没有使得任何人效用变小的前提下,使得至少一个人的效用变大。理论研究表明金融结构是客观存在的,可以达到帕累托最优状态,但是经济发展的波动性和周期性特征决定了金融结构难以时刻维持最优状态,金融结构通常会由于某一经济要素动态调整的影响而偏离最优状态,当然也会由于其他要素的变化而逐步回归到最优状态。偏离最优状态的金融结构,意味着金融体系效率的降低,可能会对经济发展产生抑制作用,降低经济发展水平和质量(余静文,2013;于成永,2016)。通过实施帕累托效率改进使得金融结构达到帕累托最优,故以帕累托效率来衡量金融结构帕累托效率,进而可以分析金融结构帕累托改进的可能性,以及改进空间大小。当金融结构偏离最优结构时,可通过金融结构帕累托调整来进行优化,通常有两种方式:一是在所有部门绝对规模都扩张的情况下,各部门相对规模会发生此消彼长;二是在一些部门的绝对规模呈现开始收缩的情况下,各部门相对规模也会此消彼长。比较两种调整方式,第一种方式为金融资产增量的帕累托调整,这种方式比较容易实现,因为原有存量不用变化,利益主体的既得利益不会减少,只是对增量部分进行再次分配。换言之,金融结构调整可能达到的空间取决于金融服务的增量大小,而对于第二种方式,一方面由于原有存量缩小,另一方面由于既得利益群体存在利益刚性,调整面临多种阻力,这种改进往往不易成功。因此,当金融结构偏离最优状态时,既可以通过金融结构自身优化与调整使得金融结构趋向最优,也可通过外部调整,适时推出金融结构相关政策措施进行配套,以降低金融结构偏离最优状态所带来的负面效应(Beck,2006、2013;Ergungor,2008;Durusu-Ciftci,2017)。

从金融发展理论看,银行主导型的金融结构体系与金融市场主导型的金融结构体系并无绝对优劣之分,两者之间更多是一种互补的关系,需要结合经济发展所处阶段、经济特征等方面来进行评判。林毅夫认为最优金融结构并非外生决定的，而是内生的，这意味着不管是市场主导型的金融结构，还是银行主导型的金融结构，如果与由经济发展中要素禀赋决定的金融结构不一样，就不是最优金融结构。因此，最优金融结构理论研究的基本出发点是希望找到能够使经济发展水平达到最优的金融结构，即探讨经济中银行体系与资本市场是否存在最佳比例关系，能够使得经济发展水平达到最优。同样，范志芳和张立军（2003）、辛祥晶等（2008）、尹雷（2013）、尹雷和赫国胜（2014）的研究也体现了金融与经济发展相匹配的思想，他们认为当经济实现均衡发展时，经济才能实现最大化增长，此时实体经济部门与金融部门的资本配置才能达到合意比例。

基于上述分析，本书认为最优金融结构是一个状态变量，所阐述的不只是 Goldsmith 提出的金融结构的概念（金融体系内部各种金融工具及金融机构的形式、规模和性质等），更侧重于阐述对“最优”的理解，即与实体经济发展各个阶段相适应的金融结构才是最优的。仅仅对金融体系的结构特性，以及与发达经济体的金融结构进行对比，通常难以确定哪一种金融结构对于经济发展是更加有利的，金融与经济无法分而述之，需要着眼于金融发展及其所服务的经济体发展事实，即从金融供给与金融需求两个方面入手，滞后或者超前于实体经济发展的金融结构都不是最优的。

2.2　金融结构演化到金融资产供需的理论过渡

20 世纪 50 年代以来，国内外文献对金融与经济的关系多有研究，诸如 Gurley 和 Shaw（1955）、Shaw（1973）、Mckinnon（1973）、King 和 Levine（1993）等大批经济学家从多方面论证了金融发展与经济增长之间的强相关关系，但他们弱化了金融资本的适度形成对经济增长的重要性。1966 年 Patrick 提出的“需求跟随”与“供给引导”命题包含了供需理论中的“均衡”或“协调”的观念，侧重于从供需均衡视角分析金融发展与经济发展之间的关系。

2.2.1 理论先导:货币金融理论

在金融发展理论研究的初期,主流经济增长理论的研究对资本积累、技术进步等方面较为关注,但是对金融要素缺乏足够的重视,而20世纪80年代兴起的内生经济增长理论,将金融部门引入经济增长理论研究,使得整合金融要素和经济增长之间的关系研究成为可能。经过多年发展,金融发展理论逐步成熟,以探究金融体系(包括金融中介、金融市场以及金融政策等)在经济发展中的作用为出发点,研究如何动员储蓄、如何提高资本边际产出、如何进行金融风险管理、如何有效安排金融政策组合,以期实现金融与经济的协调发展等。

金融要素作为经济发展的核心要素之一,自银行产生以来,学者们就在不断地思考金融在经济增长中发挥何种作用。20世纪40—60年代初,在唯计划、唯资本、唯工业化的结构主义发展思想的指导下,金融理论往往只局限于货币理论,如"货币中性论"①、"货币非中性论"②,并且所研究的金融体系也只局限于银行体系,即货币银行学理论,而金融发展的作用被忽略而没有成为理论研究的重点(李鋆,2006)。直至20世纪60年代,新古典主义日益兴起,以及非银行金融产业的迅速发展,使得金融发展与经济增长之间关系的研究逐渐受到理论界的重视,并由此形成金融发展的理论萌芽,即货币金融理论。

主流古典经济学家一般将货币视为商品交换的媒介,即马克思《资本论》中所陈述的一般等价物的概念范畴,认为货币是实际经济过程中并无内在联系的外在变量,货币的存在既不会有助于经济发展,也不会阻碍经济发展,即"货币中性论"。如费雪(Fisher)交易方程式、萨伊定律,以及瓦尔拉斯(Walras)一般均衡理论等均是支持货币中性理论的,形成近乎一致的观点:货币数量的变化既不会造成经济的增长,也不会导致经济的收缩,只会造成物价水平等比例地

---

① 代表学者有威克塞尔、凯恩斯、萨缪尔森、托宾、新剑桥学派、格利、肖和麦金农等。
② 代表学者有萨伊、拉尔瓦斯、弗里德曼、哈耶克、阿罗德布鲁、卢卡斯等。

上升或下降，对生产供给并不会产生实质性影响，因此货币市场是不重要的。当然，也有诸多学者提出“货币非中性论”，如维克塞尔（Wicksell）提出自然利率（预期利润率），当自然利率与货币利率相等时，货币对经济保持中性，而自然利率与货币利率往往是难以相等的。凯恩斯（Keynes）利用有效需求理论进一步阐述了货币的非中性，他认为货币数量不仅会影响价格水平，还会影响产量。此外，托宾（Tobin）也分析了货币供应量与长期经济增长之间的关系，通过强调货币的价值储藏功能，进而对居民的消费和储蓄行为产生影响，长期而言就会对经济增长产生实质性作用。

美国经济学家格利和肖（Gurley 和 Shaw）是货币金融理论研究领域的代表性学者，从 1955—1973 年近 20 年时间内，先后发表了三篇代表性的著作，揭开了货币金融理论的研究序幕。在文献 *Financial Aspects of Economic Development*（1955）和 *Financial Intermediaries and the Saving Investment Process*（1956）中，Gurley 和 Shaw 建立了一个由简单到复杂、初始向高级逐步演进的金融发展模型，从金融分析的角度对金融发展理论进行了初步分析与总结，证明了经济发展阶段越高，金融作用越强的结论。同时，研究也表明金融发展水平的提升，尤其是金融中介/市场的多样化发展，能够有效提高投资储蓄转化率，为经济发展提供必要的金融支持。随后，在 1960 年所著 *Money in a Theory of Finance*（1960）一书中，Gurley 和 Shaw 将金融理论拓展到货币理论和银行理论以外，建立了一种广义的货币金融理论，该理论除了研究金融资产与金融机构多样化、金融政策等基本内容外，认为银行体系中的货币只是众多金融资产中的一种，强调非银行金融机构在货币资金循环、信用创造中扮演的重要角色，更加深入地研究了经济和金融之间的相互影响。Gurley 和 Shaw 还认为决策者可采用的经济政策并非只有货币政策，而是包含了货币政策、债务管理政策以及财政政策在内的一整套金融政策，并据此构建起相应的金融制度。此外，研究还涉及了金融制度变革等金融发展的深层次制度性问题，为后续理论研究和金融政策制定奠定了基础。

此外，Patrick 教授在 1966 年出版的 *Financial Development and Economic Growth in Underdeveloped Countries* 一书中对货币金融理论又作了进一步研究，提出了金融发展“需求跟随”（Demand-following）和“供给引导”（Supply-leading）命题，该命题也是金融发展理论的重要理论基础之一。Patrick 认为考虑金融与经济的相互影响主要存在两种不同的分析思路。一是“需求跟随”，即需求先于供给，指经济增长是金融发展的动力来源，一般认为经济增长产生了金融需求，企业需要依靠金融系统提供的金融产品或服务来辅助生产，因此为了满足企业的金融需求，金融系统就会不断地进行金融创新和自我完善，进而实现了金融发展。二是“供给引导”，即供给先于需求，指金融发展促进了经济增长，在经济发展的初级阶段，金融行业若要帮助企业发展，则需要准确识别企业潜在的金融需求，提前创造出合适的金融产品或服务，这种前瞻性的金融供给会逐步成为企业真实而持续的需求，最终会促进经济的发展。

需要说明的是，Patrick 的“需求跟随”思路与“供给引导”思路之间并不必然是对立关系，而是同时存在的，命题实际上描述了金融发展与经济增长之间的因果关系。金融发展与经济增长之间的关系处于动态变化之中，会在不同的经济发展阶段、经济金融政策环境下各有偏重。Patrick 的“需求跟随”和“供给引导”理念，为发展中国家金融政策的实施提供了理论指导。绝大多数欠发达国家与发展中国家一样，需要采取“供给引导”的方式刺激金融发展，积极发展金融产业、完善金融服务、优化金融政策等，如中国实行的国有商业银行股份制改革、沪深京证券交易所设立，以及多层次资本市场建立等举措，都有效促进储蓄向投资转化，优化资本配置等，进而带动产业发展，实现经济增长。然而，当经济发展到一定水平以后，经济发展面临转型升级或发展“门槛”，而此时金融发展及其体制改革往往滞后于经济发展。经济发展对金融体系产生了新的金融需求，而这种新需求往往来源于经济发展过程中的新特征，如要素禀赋变化、技术进步、劳动力供给、社会需求升级、产业转型升级等。

货币金融理论对现代金融发展理论的形成与发展，尤其是对 1970 年以后金融发展理论的深化研究起到了导向作用。通过对 Gurley 和 Shaw 以及其他学者有关金融分析理论的文献进行研究,可以总结出货币金融理论的主要观点:一是金融发展与经济发展之间关系密切,经济发展是金融发展的基础和前提,而金融发展是经济发展的结果和动力;二是银行机构和非银行金融机构在经济发展中均扮演了重要角色,两者不可偏废、各有侧重;三是金融发展实际上是一个经济体从初始金融制度向成熟金融制度迈进的过程,体现为金融资产、金融中介及金融政策的多元化、复杂化等。

2.2.2 Mckinnon 和 Shaw 金融深化理论

1973 年美国斯坦福大学的两位经济学家 Ronald I. Mckinnon 和 Edward Shaw 几乎同时提出了金融深化理论,Mckinnon 的 *Money and Capital in Economic Development*,以及 Shaw 的 *Financial Deepening in Economic Development* 的出版,标志着以发展中国家(地区)作为主要研究对象的金融发展理论得以建立,这一理论是发展经济学和货币金融理论的重大理论突破,对发展中国家制定金融发展政策,及金融改革的实践产生了重大影响。

Mckinnon 和 Shaw(1973)深入研究了经济发展与金融发展之间的关系,对发展中国家的金融发展有独到见解,是金融深化和金融抑制的理论基础。Mckinnon 和 Shaw 提出了金融深化理论模型(M-S 模型),认为要使存在金融抑制的国家摆脱经济发展的困局,必须要实现金融市场自由化,使得实际利率达到拉尔瓦斯均衡水平。同时,要进一步推进金融深化,逐步解除金融抑制,努力降低通货膨胀率,提高货币持有的实际收益水平,此外,可以通过提高国内金融体系动员储蓄的能力,以及金融体系配置效率,使经济发展获得更多的金融支持,最终形成经济发展与金融发展相互促进的良性循环。Mckinnon 和 Shaw 提出的金融深化理论反对实际低利率或负利率水平,他主张通过实行金融自由化,发挥市场机制的调节作用,使实际利率自动地实现均衡水平。

在这一理论思想指导下,1970 年以来以欧美发达工业化国家为代表,积极开展金融改革,逐步放松金融管制,在世界范围内掀起了一股金融自由化的浪潮。金融深化理论主张政府应加强金融改革,逐步解除金融抑制,减少对金融系统的过分干预和管制,同时放松对汇率、利率的人为管控,充分发挥市场机制的作用,使汇率和利率能真实地反映外汇和资金的实际供求状况,使其有效发挥调节外汇和资金的功能,以刺激储蓄、投资和进出口的增长。Mckinnon 和 Shaw(1973)的金融深化理论以发展中国家经济发展为研究对象,提出了适用于不具有完善金融市场的国家的金融与经济发展新思路。然而,Shaw 认为金融深化理论运行机制存在一定的不足,具体表现在储蓄和投资两个方面。就储蓄而言,提高金融系统的利率水平会产生替代效应和收入效应,由于替代效应的存在,利率水平的提高可以提高储蓄收益率导致当期消费的机会成本上升,进而提高银行储蓄总额。然而,当收入水平保持在稳定水平的情况下,储蓄率的提高必然导致当期有效总需求不足,不利于市场出清,进而影响经济发展。就投资而言,若存贷利率同时提高,且贷款利率增速明显大于存款利率增速,这表明虽然储蓄增多,但是投资量将会由于贷款成本的上升而下降。此外,由于投资具有乘数效应,投资减少的不良后果被扩大,社会生产能力不足,同样也会影响经济发展。同时,由于利率提高的替代效应的存在,当期消费有所减少,必然导致社会总需求降低,这一信号传递到生产企业,企业为降低损失必然会采取一定的措施以抑制投资。由于商业银行需要保留一定额度的存款保证金,银行储蓄的增加并不能全部转化为投资。

此外,也有学者对金融深化提出异议,代表理论为金融约束理论。Hellman 等人(1997)从有效需求和信息不对称角度,向传统金融深化理论提出了挑战,他们认为金融深化理论所主张的金融自由化战略需要在比较严格的条件下才可实施,然而通常情况下发展中国家不具备满足条件的经济金融环境,故而必须要另辟蹊径,而金融约束政策就成为一种替代选择。金融约束政策能够激励金融部门在制定金融决策时充分考虑私人信息,从而缓解那些有碍于完全竞争的与信息有关的问题。金融约束政策要求对存贷款利率加以控制,对进入和来自资本市场的竞争加以限制，为金融部门和生产部门创造超过竞争性市场所产生的收益（即租金机会），创造租金机会是金融约束论的核心观点。然而，稳定的宏观环境、较低的通货膨胀率以及正常的实际利率等是发展中国家实行金融约束政策的重要条件。多数学者对中国政府实施的金融约束政策较为认可，新兴经济体采取金融约束政策，是在其尚不具备金融自由化的背景下的过渡金融政策，且金融约束政策被认为是有效的。如国内学者邢军峰、范从来（2014）认为，从某种程度上说，由于中国金融体制改革相对滞后于经济发展，金融体系的市场化程度与同期经济发展特点不匹配，故而需要通过实施有效的金融约束，发挥金融体系对经济增长的促进作用。总体来说，金融约束政策是发展中国家从金融抑制向金融自由化过渡的一个临时性政策。

2.2.3 动态金融理论与内生金融理论

Mckinnon 和 Shaw 的金融深化理论在西方经济学界产生了巨大的影响，使得金融发展理论成为学术研究热点，20 世纪 70 年代中期到 90 年代末期，先后有两代学者对 Mckinnon 和 Shaw 的金融深化理论做了进一步的研究。第一代以 Kapur、Mathieson 和 Fry 等人的动态金融理论为代表，第二代以 King、Levine 和 Pagano 等人的内生金融理论为代表。

第一代拓展盛行于 20 世纪 70 年代中期到 80 年代中期，以 Basant K. Kapur、Donald J. Mathieson 和 Maxwell J. Fry 等为代表，他们对 Mckinnon 和 Shaw 的金融深化理论研究的框架进行扩展，分别建立了“卡普-马西森金融深化模型”与“弗莱动态金融发展模型”。区别于 M-S 模型，Mathieson（1980）和 Kapur（1992）提出的卡普-马西森金融深化模型有两个方面引起学者们的关注：一是该模型摒弃了 Mckinnon 关于实际货币与实物资本的互补性假说，他们对银行体系向生产企业供应流动资本的过程进行论证，说明了货币金融对实际经济增长的重要作用；二是卡普-马西森模型将研究视野转向发展中国家，强调发展中国家的金融改革对促进经济发展、保持经济稳定的重要性。更进一步，Fry

(1994)提出的动态金融发展模型,对发展中国家经济发展与货币金融的关系做了更加深入的理论和实证研究。Fry 认为投资效率和投资规模是促进经济增长的核心因素,然而对发展中国家来讲,投资的效率和规模通常受本国的金融规模、金融政策等因素的影响。Fry 认为发展中国家的资本供给主要来源于国内储蓄和国外储蓄,由此他构建了发展中国家的储蓄模型。由于发展中国家普遍存在利率管制,储蓄数量与投资规模之间的利率调节机制不能发挥应有作用,储蓄投资转化率也难以自动达到均衡水平。因此,在利率管制的前提下,投资的规模只能取决于储蓄所能提供的资本量①。

第二代拓展盛行于20 世纪80 年代中期到90 年代中期,随着内生增长理论的兴起,以 King、Levine、Pagano 等为代表的一些经济学家放弃了原有金融深化理论框架,将金融中介体并入经济增长模型,采用最优化方法来重新分析金融在经济发展上的作用,由此形成了基于金融中介和金融市场的内生金融理论(Endogenous Financial Theory)。内生金融理论认为由于不确定性、信息不对称和规模经济的存在,资金在融通过程中必然会产生一定的交易成本,并且伴随着经济发展水平的提升,金融交易成本必然会对经济运行的负面影响越来越显著,因此当经济发展到一定水平之后就会内生地要求金融体系的产生与发展。基于内生增长理论,King 和 Levine(1993)构建了一个不仅适用于发达国家,还适用于发展中国家的一般金融发展理论,认为金融发展不仅体现为金融中介的发展,还包含了金融市场的发展,且采用最优化方法分析了金融在经济发展中的作用。King 和 Levine 认为金融中介的规模扩大和功能的完善,不仅促进了资本的形成,还促进了全要素生产率的提高。同样,股票市场的发展也有利于劳动生产率的提高和经济增长。因此 King 和 Levine 认为金融发展内生于经济增长,是经济增长的重要原因。

① 长期以来,中国存在利率管制与银行业非价格竞争,投资的规模并非只是由储蓄决定,还包括非银行市场,如股票市场、证券市场等。

2.2.4　金融与经济的可持续发展理念

将可持续理念引入金融学研究,扩宽了金融学的研究领域,也确立了金融学研究的最终目标,即金融可持续发展(白钦先,2001;杨涤,2011)。金融是资源,是金融可持续发展理论的基本命题和立论基础,关于金融资源的定义和特征描述的理论,即金融资源理论则构成了金融可持续发展的基本原理或理论基础。合理有效地开发和利用金融资源的目的在于实现金融可持续发展,进而实现经济可持续发展。金融可持续发展包含多个方面的内容,既要实现经济体中金融机构、金融资产等金融结构的诸要素的发展,以及实现金融体制、金融制度的演化和变迁,还包括金融环境的改善和优化等,还要关注金融创新、金融危机、金融全球化等对金融可持续发展的影响(Franklin Allen,2001;王志强和孙刚,2003;Fung,2009)。

与金融功能理论类似,金融可持续发展理论摒弃了研究哪种金融结构体系更能促进经济增长的思路,而是侧重于金融的功能,强调以经济发展作为目标变量,依据经济发展的不同阶段、不同特征等,探讨如何动态调整金融结构,使得经济发展达到最优化。金融可持续发展理论从更为广阔的视角对金融的功能进行了研究,认为金融发展水平的高低直接关系到一个国家的各项经济政策能否有效、及时地传导,进而关系到各项经济政策是否能够顺利实施并且达到预期目标。金融资源理论是金融可持续发展理论的核心与基础,金融的资源属性赋予了金融发展关于资源开发利用的内涵,并构成了社会经济生态环境的重要组成部分,由此使得金融可持续发展与经济可持续发展之间相互影响、相互依存。传统经济学认为资源要素禀赋是一个国家的经济社会发展的核心因素。大量国家的经济发展历程和实践都表明,劳动力资源、自然资源等生产要素的含量与构成状态,在一定时间内会成为制约或促进经济发展的关键因素,但是在多数情况下,由于金融资源的双重属性的存在,金融资产的短缺才是经济发展所必须要解决的首要问题,该理论的主要观点有以下几个方面:

一是发挥金融中介功能，活跃的金融市场、完善的金融体系能够通过提高储蓄水平、扩大投资规模和优化配置资金等方面，最大限度地动员社会闲置资金转化为生产性投资，实现资本积累的加速与人均资本存量的提高，进而引导经济增长；此外，积极推进金融深化改革，加快利率自由化、金融活动自由化，能够引导资金优先流入高收益的行业或地区，进而实现各类资源的优化配置。二是通过制定一系列货币政策，充分发挥金融活动促进生产、引导消费的作用，进而实现产业结构调整等宏观经济调控功能，促进经济发展水平提升和质量改善。相反，经济发展水平的提升又会刺激各经济主体不断增加金融服务需求的规模和类别，由此形成了“金融发展→经济发展→金融的进一步发展→经济的进一步发展”的良性循环。三是金融发展对微观经济的运行同样具有广泛而深远的影响，如利率、汇率、货币供应量等金融指标通常作为宏观经济调节的重要工具，通过这些金融指标的变化和调整影响微观经济行为，进而实现对宏观经济的调控目标。在“金融先行”“供给引导”等理念下，若要实现可持续增长，金融发展也应具备可持续性，故而金融发展应与经济发展水平相协调，要确保金融发展特征与经济发展要素禀赋特征相契合。

基于上述分析，可以得出金融可持续发展的基本观点：过于超前或落后的金融发展，并不会对经济发展形成正向激励作用，反而可能会拖累经济发展。经济发展实践也表明过快的金融发展并不必然促使经济同步增长，如过于宽松的信贷政策、资产规模大幅度扩张，必然加剧金融风险的积累，加剧利率、物价水平、汇率等在短期内的波动，在一定程度上增加了经济增长的不稳定。当然，金融发展长期滞后也是不可取的，经济中有效的金融需求长期得不到满足，势必使得企业规模扩张、投资发展受阻。金融深化理论对发展中国家长期存在的金融抑制进行研究，提出了要加强金融自由化的核心观点，很好地论证了长期金融发展滞后对经济发展的负面作用。上述观点与 Patrick 的金融发展“需求跟随”和“供给引导”命题的理念是相吻合的。鉴于此，发展中国家将“金融先行”“金融优先”作为经济发展战略的首要选择，同样，发达国家为保持经济社会的发展与稳定、国际竞争力的增强,也会持续不断地推进和深化金融发展。Luintel 和 Khan(1999、2008、2016)、Rioja 和 Valev(2004)研究了经济发展与金融发展之间的因果关系,提出了与 Patrick 的"需求跟随、供给引导"命题相类似的结论。但是 Luintel 和 Khan 认为既不要全盘接受"金融引致经济增长"的观点,也不要全盘接受"金融追随经济增长"的观点,金融发展与经济发展之间并不是简单的线性关系,在不同的经济发展阶段两者的关系也不同。

2.3 金融资产供需均衡的相关研究

前文分析指明,金融发展促进经济增长的关键在于金融发展是否能够为经济发展提供所需要的金融需求。无论是经济发展先于金融发展,还是金融发展先于经济发展,二者之间的相互作用是无法证伪的,金融资产或金融工具的设计开发、配置利用必须符合经济发展的需要,过于滞后或超前都不是最佳选择,二者需在一定时期内保持相对均衡。金融资源作为金融发展的最基本构成要素,理论上当其实现供需均衡时,金融发展与经济增长之间即可实现协调发展。

2.3.1 金融资源理论概述

金融资源理论将金融视为一种资源①(具有一般资源属性和特殊资源属性,即双重属性),金融既是资源配置的对象,又是配置其他资源的方式或手段,通过自身配置进而配置其他一切资源的特殊资源。由于金融资源具有虚拟、易分解、易流通等特点,金融资源的配置决定了资金的流向和流量,决定了金融部门和实体经济部门的资金分布情况,以及在金融部门内部各类金融机构和金融市场之间的分布情况(白钦先,2001;杨涤,2011)。资金蕴藏的是一定时期的价值

① 本书之所以将"金融是一种资源"的假设作为公理性假设,是因为金融是一种资源已经得到了人们的普遍认同,因此就不再论证这一假设的合理性。

积累和价值凝结，是对其他各种资源，特别是自然资源、劳动力资源、智力资源等的索取权、支配权和拥有权，因而金融资源的配置很大程度上决定了其他资源的配置，即金融是配置其他一切资源的资源。此外，在不确定条件下，在一定的空间跨度、时间跨度范围内，劳动力、自然资源、技术等资源的配置，几乎无法脱离金融系统而独自完成配置，换言之，其他资源配置过程也就是金融资源的配置过程，二者无法独立存在，是一种相互依存的关系。

金融资源的双重属性决定了其通过自身配置进而可以配置其他一切资源的特殊资源，金融资源既是资源配置对象，又是配置其他资源的方式和手段，即具有“自我配置”和“再配置”的功能。在当代金融经济条件下，家庭、企业和政府越来越依靠金融系统来完成投融资决策，共同决定了一国的金融资源配置状况，同时也决定了其他资源的配置状况。如家庭需要制定家庭消费决策、投融资决策，甚至还有风险管理决策等金融决策，企业需要制订企业经营计划、投融资决策和营运资本管理决策等；通过把金融定义为一种资源，将人类对金融的认识和理解提高到了资财之源的高度，提升到了人类核心性资源、战略性资源的层面，从而进一步揭示了金融的本质，反映了金融与经济关系的本质，进而可研究金融资源的供给—需求是如何决定的。金融资源的双重属性特征揭示了在金融市场和产品市场同时达到均衡状态时，金融资源的配置和其他资源的配置同时达到帕累托最优状态。这一论断为研究金融资源供需均衡提供研究思路，金融市场作为金融资源供给方，而非金融市场（如产品市场、要素市场等）必然会产生对金融资源的需求，即为金融资源需求方，当金融资源达到供需均衡时，此时的金融市场就实现了最优的金融资源供给量，与此同时，产品市场也实现了最优的金融资源需求量。

金融资源研究初期，学者们从各自的研究角度提出了不同的金融资源层次。其中，白钦先（2001）教授认为金融资源包括基础性核心金融资源、实体性中间金融资源和整体功能性高层金融资源三个彼此独立又相互依存的层次，分别是广义的货币资本或资金、金融组织体系和金融工具体系、金融政策。此后，多位学者对金融资源的定义进行了研究,如崔满红(1999)从社会资源的角度论述金融资源,认为金融是一种社会资源,是由多层次要素构成的复合体,包括货币资源、资本资源、金融商品资源和制度资源四个层次。陆家骝(2000)认为金融资源系统主要包括货币资产和货币制度、金融产业、金融管理组织和管理体制、金融意识。蔡则祥、武学强(2016)认为金融资源是以货币和货币资本为核心,为实现资金融通、引导资源配置而直接服务企业的各种资源,具体包括四个部分:资金资源、工具资源、组织资源和保障资源。本书对"金融资源"的定义及层次划分倾向于采用蔡则祥、武学强(2016)所提出的内涵,金融资源的构成见表2.1。

表2.1 金融资源的构成

种类	内容
资金资源	货币与货币资本:广义资金,包括债权资金、股权资金、保险资金等
工具资源	资金融通的载体:金融工具,包括票据、债券、股票、保单、基金、期货、期权等短、中、长期金融工具
组织资源	资金融通的主体:金融机构和金融市场。金融机构包括各类银行、非银行金融机构,金融市场包括货币市场、资本市场、保险市场、外汇市场、黄金市场等
保障资源	资金融通的基础保障:制度、技术、人才,包括金融制度、金融基础设施、金融技术、金融人才等

无论是 Patrick 的"需求跟随"与"供给引导"命题、金融深化理论、金融功能论、金融结构理论,以及最优金融结构理论,都是基于一种金融资源观下的研究。金融在现代经济发展中的作用和地位如此重要,以至于很难再将其简单认为是经济发展的一个要素,而是以金融资源(Financial Resource)的形式存在。就当前对金融资源理论的研究而言,虽然该理论早已纳入学者们的研究范畴,但是理论界对于金融资源观的形成缺乏明确且相对一致的认知,这一局面的产生必然会制约人们从金融市场全局看待金融资源,不利于经济与金融的协调发展和相互促进。

此外，由于随着经济的不断发展，要素禀赋也会随之发生变化，故而最优金融结构也处于不断变动之中，只有与经济发展所产生的金融需求相匹配的金融结构才算是最优的，才能更加有效地实现金融体系动员储蓄、金融资源配置，以及降低金融系统性运营风险的作用，进而促进经济的发展（林毅夫，2012；林毅夫和孙希芳，2009）。在经济发展初期，一方面产业类型或投资项目多数属于劳动密集型，技术水平相对不高或技术相对成熟，其收益预期比较确定；另一方面社会可利用资金较少，且分散于广大居民家庭之中，难以达到投资的规模效应。银行主导型的金融体系能够充分发挥动员储蓄的功能，为经济发展提供大量的金融资源，尤其在一定的政府部门干预下，有限的金融资源能够投入那些带来更大整体效益的项目之中，如具有战略性前途的产业、公共产品性质的产业，而市场主导型的金融结构体系往往更多的是基于风险收益水平来配置金融资源，更青睐于高收益的投资项目。然而，当经济发展到一定水平时，金融体系促进经济发展的首要任务就会有所改变，此时更加强调如何在确保风险分散和金融安全的前提下，努力提高金融资源的配置效率，使得金融资源更多投入到那些风险项目中（Lin，2013；张思成和刘贯春，2016）。也就是说，伴随着经济发展风险水平的不断提升，市场主导型的金融体系应得到进一步发展。

2.3.2 金融资产的内涵界定

为便于后续研究的开展，我们需要对“金融资产”与“金融资源”的关系进行区分与界定。首先，金融资源是一个极其广义的概念，几乎包含金融的全部内容，而金融组织资源和金融保障资源均是以金融基础资源为根本，并以金融工具资源的形式发挥作用，其最终落脚点体现为货币资本、金融工具使用的多寡与效率高低（刘小玄和周晓艳，2011；逄金玉，2012）。其次，金融资产是指单位或个人拥有的以价值形态存在的资产，是未来收益或资产合法要求权的凭证。换言之，金融工具是指那些可以在有组织的金融市场实现交易，内含现实价格和远期价值的工具，金融资产的最大特征就是为所有者提供即期或远期的货币资金流量。按照国际货币基金组织的定义，通货和存款、贷款、股票、保险准备金、非股票类证券、特别提款权（SDR）、金融衍生品、应收应付账款均属于金融资产的范畴。结合“金融资源”与“金融资产”的内涵界定，可以发现金融资源中的基础资源与工具资源即为“金融资产”。盛松成（2011）等著的《社会融资规模理论与实践》认为社会融资规模[①]从金融机构资产方和金融市场发行方进行统计，从全社会资金供给的角度反映金融对实体经济的支持。社会融资规模统计监测有利于引导金融机构优化金融资源配置，增强金融对实体经济的支持，促进经济结构调整和转型升级，重点将银行信贷、股票、债券三种金融资源界定为金融资产。从金融资产的范畴来看，其包含内容极广，不便于实证研究的开展，故需对本书要研究的金融资产的范畴进行界定，此处主要参考易纲（2008、2020），以及 Chen 和 Imam（2011、2012）、范从来等（2012、2013、2015）的研究成果。

易纲（2008）参照 Goldsmith（1969）的方法对国内金融资产进行分类，具体的统计项目则遵循 IMF《货币与金融统计手册》的规定，同时采用国家外汇管理局对中国国际投资头寸的分类方法对国外金融资产进行分类[②]。易纲（2020）再次对中国金融资产结构进行研究，对于金融资产的统计口径依旧沿用 2008 年的分类，将金融资产划分为两个大类：一是国内经济主体持有的国内外金融资产（其中，中国金融资产包括：通货、存款、保险准备金、准备金、贷款、债券、股票、特定目的载体份额[③]、中央银行贷款；国外金融资产包括：直接投资、证券投资、衍生工具、其他投资、储备资产），二是国外经济主体持有的中国金融资产（包括直接投资、证券投资、衍生工具、其他投资）。需要说明的是，在这种分类

---

① 我国金融体制改革、金融创新和市场化推进的力度逐步加强，金融产品和融资工具不断创新，使得实体经济在银行体系之外获得资金的渠道和工具不断增加，如股票市场、债券市场、保险市场和中间业务市场，故而从 2011 年起引入社会融资规模作为中介目标。

② IMF 定义的金融资产包括了金融衍生产品，但考虑到金融衍生产品种类繁多，我国相关的统计数据非常缺乏，很难全面地对其进行度量，所以本书中的金融资产定义不包括金融衍生产品。

③ 特定目的载体份额包括代客理财、资金信托和证券投资基金。

方法下,存款和贷款均被视为金融资产,会存在重复计算之嫌,从而夸大了银行部门的权重,但是出于特定的研究目的,易纲(2008、2020)将存款和贷款均视为金融资产可以更全面地掌握和分析金融资产状况。

Chen 和 Imam 为衡量金融资产短缺,从供给与需求角度界定了金融资产的主要构成,将国内总储蓄视为国内金融资产需求,将国内发行债券、贷款、股权、短期存款以及境外资产净购买的总额定义为金融资产供给。国内学者范从来等人(2012、2013、2015)在 Chen 和 Imam 的基础上,结合中国金融发展实践提出其研究的金融资产构成,以及各资产的统计口径。其中,债券发行额由国债发行额与企业债券发行额两个部分构成;信贷规模用金融机构人民币各项贷款来计量,表示一定时期内实体经济从银行体系获得的贷款资金总额;股票筹资额主要是指沪深两市 A 股市场筹资规模,包含 IPO、增发、配股在内;境外资产净购买,其统计口径为国际收支平衡表中的证券投资、其他投资额、误差与遗漏三个项目借方余额累计额;活期存款增量采用货币供应量中活期存款当期余额减去上期余额计算而得。

鉴于易纲、Chen 和 Imam、范从来等对于金融资产范畴的界定,此处需要做四点说明:一是基于对"通货"概念的理解,通货是指在流通领域中充当流通手段或支付手段的纸币、硬币、支票、银行本票等,其数值相对稳定,以及本书的研究目的,"通货"不被界定为本书所研究的金融资产范畴。二是保险准备金是以保险立法的形式规定保险公司应提存保险准备金,以确保保险公司具备与其保险业务规模相应的偿付能力;准备金是指为保证客户提取存款和资金清算需要而准备的在中央银行的存款,有法定和超额准备金之分,但其规模受中央银行约束,是一项重要的货币政策工具,因此保险准备金、准备金也不属于本书所研究的金融资产。三是易纲(2008、2020)提到的特定目的载体份额(包括代客理财、资金信托和证券投资基金),由于我国资本市场快速发展,代客理财、资金信托和证券投资基金的规模不断扩大,但是相对于股票市场、债券市场其规模依旧较小,此外最重要的是这类资产依托股票、债券资产而存在,即为衍生金融产品，故而本书未将特定目的载体份额纳入所研究的金融资产范畴。四是易纲(2020)提及的国内经济主体持有的国内外金融资产，以及国外经济主体持有的中国金融资产，从统计口径来讲，这两类金融资产之和即为境外资产净购买。

基于上述分析，本书所研究的金融资产的统计口径见表 2.2。

表 2.2　本书所研究的金融资产的统计口径

类型	定义
银行信贷	金融机构人民币各项贷款
股票	沪深两市 A 股市场筹资规模，包含 IPO、增发、配股
债券	由国债发行额与企业债券发行额两个部分构成
境外资产净购买	国际收支平衡表中的证券投资、其他投资额、误差与遗漏三个项目借方余额累计额
活期存款增量	活期存款年末余额-年初余额

2.3.3　金融资产供需均衡理论评述

金融资产如何实现需求端与供给端的相互匹配？其中，最具代表性的为 Asli-Demirguc-Kunt(2011)的"金融结构缺口"(Fiance Resource Gap,FRG)及 Caballero(2006、2008)的"资产短缺假说"(Assets Shortages)研究，两位学者均借鉴经济学中供需均衡理论，以金融资产供需短缺来衡量金融资产供需均衡的实现情况，并以此衡量金融发展与经济发展的协调程度。

1) **金融结构缺口理论**(Fiance Resource Gap, FRG)

不管是金融资产供给大于金融资产需求，还是金融资产供给小于金融资产需求，都存在金融资产供需缺口，该定义可以参考 Asli-Demirguc-Kunt(2011)对金融结构缺口(Fiance Resource Gap,FRG)的定义。若从金融资产供给端考虑，当一个经济体中金融资产的供给能够较好地满足经济增长所需的金融支持，即金融资产供给与需求基本处于均衡状态，此时金融资产供需缺口相对较小，那么金融发展将对经济增长产生促进作用,其金融效率为正。相反,若不能满足经济增长的金融资产所需,金融资产的供需缺口相对较大(供给显著过剩或不足),则金融资产效率为负,并且随着金融资产的供需缺口越大,金融效率的数值越小。

在经济金融发展实践中,这种金融资产供需缺口可能是总量型的缺口,往往是由于金融发展整体水平相对较低,不管是银行金融资产还是市场金融资产的数量都显得较为不足;当然,金融资产缺口也必然存在结构性的特征,这种缺口往往是由于经济金融体制、信息不对称或交易成本的存在,金融资产的跨期配置、跨区域或跨部门配置不能顺利进行,最终导致金融资产错配的广泛存在(颜慧,2010;张建平,2015)。就金融体系而言,不同类型金融结构,其金融资产供需缺口产生原因不一样,当然,这里分析金融资产缺口是基于供需双方,而并非指孤立地分析银行主导型金融体系或是资本市场主导型的金融体系。如在银行主导型的金融体系中,银行信贷资源相对充裕,而股票、债券等金融资产相对缺乏,那么其金融资产供需缺口产生的根源在于资本市场发展的不充分;同理,对于一个资本市场主导型的金融体系,银行中介机构发展的不充分是其缺口产生的主要原因,因此不同类型的金融结构体系改善金融效率的途径是存在差异的(Giglio 和 Severo,2011)。

2)**资产短缺假说**(Assets Shortages Hypothesis)

Caballero(2006)认为新兴经济体的资本产出能力虽然表现强劲,但受历史、体制等因素的制约,受经济体内金融发展严重滞后的制约,新兴经济体在经济持续快速增长一段时间后,将会出现一定程度的金融资产短缺,他认为新兴经济体普遍存在的资产短缺,会导致经济效率降低和社会福利损失,并且认为资产短缺也是全球失衡、金融危机以及利率之谜的重要原因。Caballero(2006、2008)在其论文 *On the Macroeconomics of Asset Shortages* 中首次提出“资产短缺”假说(Asset Shortage Hypothesis),该假说主要是从宏观视角对金融资产供求进行均衡分析,认为当金融资产需求与供应相等时,金融市场就实现了均衡;而当资产供应不能满足需求时,则会出现金融资产的短缺。随后,Caballero 对“资产短缺”假说进行更为深入的研究,发表了一系列成果,最终使得这一假说引起了学界广泛关注。

对于“资产短缺”假说,国内外学者既有支持者,也有提出反对的。支持者观点如下:Rajan(2006)也对资产短缺假说进行研究,但其研究视角与 Caballero 强调的金融资产短缺有所不同,Rajan 研究的短缺对象主要为与固定资产抵押相关的金融工具。Mendoz 等人(2008)考察了市场不完全性,以及市场风险普遍存在条件下,各国金融开放程度存在差异,由此导致了资产短缺与储蓄率之间存在较为密切的关系。Stefano 和 Tiago(2012)认为资产短缺并不是价值储存的绝对短缺,而是表现为高收益的证券资产相对稀缺,以及低收益的证券资产的相对过剩,资产供需不平衡是资产短缺假说的基本内涵,与 Caballero 的认识是一致的。Chen 和 Imam 有关资产短缺的研究进一步丰富了资产短缺假说,Chen 和 Imam 认为新兴市场中出现的经济增长率下降、实际利率下降、普遍存在的资产泡沫,以及资本外流等正是资产短缺的重要表现。他们认为储蓄增长、严格的资产投资监管、资产供给萎缩都是资产短缺产生的原因,由此导致了发达国家热衷于投资海外资产,以及对新兴经济体投资热情的上升。此外,他们构造了资产短缺指数,并对资产短缺进行了量化研究。

反对者的观点主要如下:Frankel(2006)对 Caballero 用资产短缺解释全球经济失衡提出了质疑,不支持把失衡的经济现象解释为一种均衡结果,而试图越过经典理论的范畴。Ndikumana(2005)认为资产价格的快速上涨,并不是因为流动性过剩或者资产短缺导致的,而是因为以中国为代表的东南亚国家,利用其丰富而廉价的劳动力优势广泛参与国际分工,最终导致资产报酬大幅度增加。Obstfeld 和 Rogoff(2009)认为政府失当和市场扭曲是全球失衡的原因,并且将美国房地产泡沫的产生归因于中国的汇率低估促使美国普遍存在的低息借款,其当前的全球失衡并不需要用一个新的理论来解释,传统理论就能完美地解释全球失衡的原因。另外,我国学者范从来等人(2013、2015)、王凌云

(2012)也认为世界各国在资源禀赋、发展阶段及国际分工方面存在差异,全球失衡是一种常态,并且他们认为金融资产短缺并不是资产泡沫产生的唯一原因,金融资产假说在一定程度上夸大了新兴经济体的资产短缺程度。

通过对国内外学者有关“资产短缺假说”的研究,学者们虽然对从“资产短缺假说”角度解释经济增长问题存在异议,但是对于“资产短缺”假说的基本理论是较为认可的。基于上述分析,可以总结出一条基本理论逻辑:就某一经济体而言,由于金融发展长期滞后于经济发展,其资本产出能力与资产创造能力存在一定程度的不对等,若资本产出能力显著超过资产创造能力,便会产生金融资产短缺现象(刘志彪,2015;余维彬,2011;张淦等,2015;Giannetti 和 Xu,2015)。

2.4 本章小结

本章沿着“金融结构演化→银行主导与市场主导优劣对比→最优金融结构→金融与经济协调发展→金融资产供需均衡”的分析脉络,进行文献研究与评述,将金融结构演化的研究总结为在努力实现金融与经济协调发展的前提下,如何调整资本市场与银行市场的相对关系,以更好地实现金融资产供给与金融资产需求的均衡。

金融结构演化理论认为一个国家的金融结构并非一成不变,而是伴随着经济发展水平的提升,金融结构由简单向复杂、由低级向高级方向的变化,且金融相关比率、金融机构相对地位等变化都呈现了一定的规律性,各经济体的金融结构普遍存在一种市场化的演化趋势,这往往与经济发展的阶段性特征密不可分。因此,本书认为金融结构演化研究的核心问题是“两分法”下金融结构的对比研究,主要包含以下两个方面:一是探讨银行主导与市场主导的金融体系孰优孰劣;二是探讨是否存在一个普遍适用且相对稳定的最优金融结构。

“两分法”金融结构研究聚焦于探讨以市场为主的金融结构与以银行为主

的金融结构孰优孰劣，哪种金融结构更能保持经济的长期增长。然而，似乎经济发展实践与理论研究并不十分吻合，如中国、德国、日本等银行主导型的金融体系国家与美国、英国等市场主导型的金融体系国家，均实现了较快的经济增长，其原因在于不同国家存在异质性的问题，使得单纯地讨论哪种金融体系更好，显得并不具有较好的实践指导意义。因此，在分析哪种金融结构最优时，需要以经济发展作为前提。

最优金融结构理论融入了金融与经济协调发展的理念，提出了理论研究的出发点：找到能够使经济发展水平达到最优的金融结构，即探讨经济中银行市场与资本市场是否存在最佳匹配，能够使得经济发展水平达到最优。最优金融结构理论认为最优金融结构是内生决定的，非外生决定的，也就是说不管是银行主导型的金融结构，还是市场主导型的金融结构，如果与由要素禀赋决定的金融结构不同就不是最优的。最优金融结构是一个状态变量，所阐述的不只是Goldsmith 提出的金融结构概念，更侧重于阐述对“最优”的理解，即与实体经济发展各个阶段相适应的金融结构才是最优的。也就是说，只要经济发展与金融发展能够实现匹配发展或均衡发展，金融结构是银行主导型的还是市场主导型就没那么不重要了。

综合而言，金融发展促进经济增长的关键在于金融发展是否能够为经济发展提供所需要的金融需求，即实现金融资源(资产)的供需均衡。金融资产作为金融发展的最基本构成单元，理论上当其实现供需均衡时，金融发展与经济增长之间即可实现协调发展。无论是经济发展先于金融发展，还是金融发展先于经济发展，二者之间的相互作用关系都是无法证伪的，金融资产或金融工具的设计开发、配置利用必须符合经济发展的需要，过于落后或超前都不是最佳选择，二者需在一定时期内保持相对的均衡。考虑到经济金融发展实践，金融发展水平通常会滞后或是超前于同期经济发展水平，但两者会自发或非自发地改进优化，渐进地实现协调发展。首先，对于金融发展，不仅表现为金融规模的扩大，更表现为金融结构的动态演化，并最终通过金融资产的供给规模、供给结构的调整作用于经济增长。在“二元”金融结构分析视角下，银行主导型与市场主导型金融结构的优劣争论，实际上是争论债权类金融资产与股权类金融资产孰优孰劣，此为金融资产的供给问题。其次，对于经济发展，由于要素禀赋、技术水平、产业结构等的时刻变化，不同时间、空间范围内经济发展对金融资产的需求存在差异。企业作为经济体内最基本的构成单元，是金融资产的需求主体，在融资时也必然会面临选择债权类金融资产还是股权类金融资产的问题，此为金融资产的需求问题。因此，本书将以“金融资产供需”为跳板，研究金融结构演化特征下金融资产供给与金融资产需求之间的关系。

第三章

3

中国金融结构的演化趋势分析：多维度视角

经过长期发展,世界各国的金融结构不断分化、变迁,衍生出银行主导型、市场主导型,以及均衡发展型等截然不同的结构模式。就中国而言,改革开放至今,中国金融业取得了巨大发展,不仅表现为金融规模的不断扩大、金融服务效率与功能的提升,更表现为金融结构的市场化演化。基于前文分析,金融结构演化的方向、程度都会受经济发展情况的影响,并最终表现为金融资产供需匹配情况。鉴于此,本章将从宏观金融结构、银行业结构、金融资产结构三个维度研究中国金融结构的演化趋势,分析其市场化程度,并对中国金融结构的主要特征,以及金融资产供给现状进行分析。

3.1 金融结构演化的研究视角

从“二元”金融结构演化角度来讲,金融结构通常呈现出从银行主导型向资本市场主导型演化的趋势。Goldsmith 认为由于各个国家经济发展水平、政治体制、技术水平以及文化习俗等方面的差异,不同国家的金融结构大不相同,具体表现为金融机构、金融市场的存在形式千差万别。一个国家的金融结构并非一成不变的,而是伴随着经济发展水平的提升,金融结构由简单向复杂、由低级向高级方向的变化,且金融相关比率、金融机构的相对地位等变化都呈现了一定的规律性,各经济体的金融结构普遍存在一种市场化的演化趋势,这往往与经济发展的阶段性特征密不可分。具体而言,对于金融结构演化的分析可以从广义金融结构与狭义金融结构两个层面去理解。

广义金融结构强调金融体系的制度安排,而制度创立及变更与政府行为息息相关。如果说萌生于实体经济部门的市场力量能够推动金融结构自然发展,那么政府力量则在金融结构形成过程中起到强制性引导作用,如“金融抑制论”就将发展中国家金融市场落后的原因归结于政府部门的过度干预。实践中,政府能够干预金融法律体系、监管体系,或推出导向型政策激励引导金融结构定向发展。Song 和 Thakor(2013)研究指出,在金融市场不发达阶段,政府通过控制部分银行并提供资本补贴以助力市场发展；当金融部门发育完善时，政府则重归直接借贷监管角色。政府力量之外，金融改革、监管设计和法治水平都能显著影响金融体系结构转变，德国的“莱茵模式”和日本的“法人资本主义模式”便是政府干预金融结构的典例（殷剑峰，2018）。此外，特殊历史背景、政治制度、文化认同以及社会结构、心理因素均被证明能够干预金融结构形态（Stulz 和 Willamson，2003；余静文和姚翔晨，2019）。

狭义金融结构实际上反映了以实体企业为代表的金融参与主体在既定金融制度安排下的融资需求及行为偏好。由于破产成本、代理成本、经营风险、市场摩擦等因素的客观存在，企业存在寻求最优资本结构的强烈动机。例如，杨子荣（2019）研究发现，企业盈利能力的分布决定了特定发展阶段企业最优融资方式的选择，因此直接催生了企业对具有比较优势的融资方式的需求。在强烈的需求效用下，金融机构与金融市场快速发展、成熟，又反作用于微观企业的融资选择偏好（Demirguc-Kunt，2002）。推而广之，其他实体经济部门也具备相应的融资需求与偏好，即所谓的“市场力量”。在正反馈机制作用下，市场力量不断强化，导致金融结构朝复杂化方向升级。此外，实现最优资本结构的生产企业将直接推动产业升级，改善经济布局，纵观产业层面乃至宏观经济层面金融需求均将发生改变，从而推动金融结构进行螺旋式调整。

基于上述分析，广义金融结构更多地是指金融机构与资本市场的相对发展情况，衡量的是一个金融体系中金融资产的存量结构；而狭义金融结构更多是从金融供需角度考察不同类型金融资产供给的相对情况，衡量的是一个金融体系中金融资产供给的增量结构。本书借鉴相关文献（李健和贾玉革，2005），按照不同的研究视角和层面，将金融结构划分为三个层面，即宏观金融结构、银行业结构、金融资产结构，分别刻画了宏观、中观、微观视角下的金融结构。宏观金融结构涉及金融体系的总规模，当前主流文献在刻画宏观金融结构时采用的最主要的变量是以银行为主的金融机构与以股票市场为主的金融机构之间的比例关系；银行业结构介于宏观层面与微观层面之间，涉及银行业内部的所有制结构、市场份额结构以及区域结构等;微观层面金融结构涉及金融资产的供给结构和需求结构。

3.2 中国宏观金融结构的演化现状分析

3.2.1 宏观金融结构演化的制度背景

与欧美发达国家市场主导型的金融体系有所不同,由于中国金融发展历程的特殊性,中国资本市场起步晚,规模相对较小且功能不完善,由此中国金融体系的构成以银行为主、资本市场为辅,即为银行主导型的金融结构。近 40 年中国金融体系进行了一系列改革,如商业银行股份制改造、外资准入、中小银行设立、多层次资本市场构建等,中国资本市场取得了快速发展。中国金融发展历程可以分为四阶段:①金融体系恢复期(1978—1984 年),对单一银行体制进行改革,中国人民银行总行从财政部分离而独立、四大国有专业银行设立,以及股票发行、保险业恢复,适应改革开放要求的金融体系初显雏形。②全面建设期(1985—1993 年),四大国有专业银行向国有商业银行转型、中小型商业银行设立、全国银行间债券市场初步形成,并且实施了发展金融市场体系的试点改革,先后设立了上海证券交易所、深圳证券交易所,使金融体系更加适应市场经济需求。③全面配套改革期(1994—2000 年),该阶段对中央银行体系、金融宏观调控体系、金融组织体系、金融市场体系和外汇管理体系进行了全面改革,金融体系各系统职能更加清晰完善,金融监管也向法制化、规范化迈进,该阶段金融整体规模不断扩大,金融功能也逐渐完善。④金融改革加速期(2003 年至今),先后经历加入 WTO、商业银行股份制改造、中小企业板市场设立、中小型股份制银行设立等,金融体制改革成效凸显。金融创新层出不穷,金融资产规模空前巨大,多元化的商业银行体系和多层次的金融市场体系得以建立,形成了以“自由化”“商业化”“国际化”为主要特征的中国金融体制。

结合中国金融发展历程，可以发现中国金融体系于1978—1993年处于恢复期和全面建设期，资本市场尚处建设初期，规模较小且功能尚不完善，故而该阶段中国金融体系呈现出绝对的“银行主导”特征，银行在金融体系中处于绝对主导地位。随着经济的不断发展，各类经济主体对直接融资的需求逐步上升，20世纪90年代初期上海证券交易所与深圳证券交易所相继成立，中国金融业进入全面配套改革和改革加速期，金融功能逐渐完善，中国宏观金融体系在结构、规模与功能等方面都发生了重大而深刻的变革。中国资本市场开始进入了蓬勃发展时期，银行占据绝对主导地位的局面发生改变，这表现在各类经济主体的融资需求不断增长且呈多样化发展，使得中国金融业得到快速发展，金融产品、金融工具的种类日益增多，金融市场交易规模不断扩大，金融机构体系呈多样化发展，企业进行融资的渠道日益丰富。虽然中国金融业取得了长足发展，银行业、资本市场均取得了快速发展，但是依旧没有改变中国银行主导型的金融结构（李扬，2014；张国令 等，2015）。

3.2.2　宏观金融结构的测度指标

宏观金融结构是一个存量概念，反映的是一个周期内各类金融资产总量的相对规模，学者们采取了不同的指标对宏观金融结构市场化水平进行测度，但目前尚没有一种定义或指标被广泛接受。Beck和Levine（2002）与Levine（2002）对金融结构的测算做了较为系统的研究，他们分别从金融结构规模（Structure-Size）、金融结构活力（Structure-Activity）与金融结构效率（Structure-Efficiency）三个维度提出了金融结构市场化水平的测算指标。其中，金融结构规模指标衡量了金融市场与银行机构的相对规模，计算方式为资本市场总市值与银行机构资产总规模的比值。金融结构活力指标反映了金融市场与银行机构的相对活动程度，计算方式为金融市场交易总额与银行信贷规模之比。金融结构活力指标取值越大，表明金融体系越趋于市场主导。金融结构效率指标衡量了金融市场与银行机构的相对效率,计算方式为股票市场交易总额比率和银行营业费用比率的乘积。金融结构效率指标的值越大,同样表明金融体系越趋于市场主导。

此外,Beck 和 Levine(2002)关于金融结构的定义与相应的指标选择在后续关于金融结构的实证文献中得到了广泛的引用(Baum et al.,2011;Bhattacharyya,2013;Allen et al.,2018;张成思和刘贯春,2015;杨子荣和张鹏杨,2018)。基于前人研究以及本书研究目的,此处选取规模指标、活力指标与效率指标这三个维度对中国宏观金融结构市场化水平进行测度,计算方法与指标释义见表 3.1。

表 3.1 宏观金融结构演化测度指标

指标构成	符号	计算方法	指标释义
规模指标	Fin_SS	资本市场总市值/银行机构资产总规模	反映资本市场与银行机构的相对规模
活力指标	Fin_SA	资本市场交易总额/银行信贷规模	反映资本市场与银行机构的相对活动程度,指标取值越大,表明金融体系越趋于市场主导
效率指标	Fin_SE	资本市场交易总额比率×银行营业费用比率	衡量资本市场与银行机构的相对效率,指标取值越大,同样表明金融体系越趋于市场主导

3.2.3 宏观金融结构的特征事实

宏观金融结构演化:规模指标(Fin_SS),反映的是资本市场与银行机构的相对规模。其中,资本市场规模主要由三个部分构成:股票市场市值、债券托管量、基金规模。此外,金融衍生品(如期货、期权等)也属于资产市场范畴,但其规模相对较小且数据不易获取,故而本书不将其纳入资本市场的统计口径。金融结构市场化:规模指标(Fin_SS)测算与数据来源说明如下:①股票市场市值,为每年 12 月 31 日所统计的所有 A 股市值，数据来源于中经网产业数据库、中国经济金融研究数据库（China Stock Market 和 Accounting Research Database，简称 CSMAR）。②债券托管量，两点说明：一是此处为了衡量资本市场规模数据，最佳测度数据为债券市值，但是 1997—2003 年债券市值数据是缺失的，通过对统计数据比较，债券托管量数值与债券市值数据的偏离范围较小，为[-5.97%，3.6%]，故选取债券托管量作为债券市值的替代变量；二是数据来源于中国债券信息网，包含政府债券、央行票据、政策性银行债、政府支持机构债券、商业银行债券、非银行金融机构债券、企业债券、资产支持证券、中期票据、外国债券和其他债券，是一个广义统计口径下的数据。③基金规模，统计口径包含：封闭式基金、ETF、基础设施公募 REITs、LOF、交易型货币基金，数据来源于中经网产业数据库。④银行机构资产总规模，包含中国境内大型商业银行、股份制商业银行、城市商业银行、农村金融机构、其他金融机构（如政策性银行）的资产规模情况，数据来源于中经网产业数据库、中国人民银行网站。

宏观金融结构演化：活力指标（Fin_SA），由资本市场交易总额与银行信贷规模的比值计算而得，反映了资本市场与银行机构的相对活动程度。其中资本市场交易总额包含股票成交额、债券成交额、基金成交额，债券成交额包含了现券交割量、（质押式、买断式）债券回购交割量、远期债券成交量，以及到期债券兑付量，数据同样来源于中国债券信息网；基金成交额数据来源于上海证券交易所网站、深圳证券交易所网站，统计口径与基金规模数据保持一致。

宏观金融结构演化：效率指标（Fin_SE），测算公式为资本市场交易总额比率×银行营业费用比率，衡量了资本市场与银行机构的相对效率。银行营业费用比率以已上市银行（43 家）在 1997—2020 年的营业数据进行计算，为业务及管理费用/营业总收入的比值，反映的是银行运营效率的高低。此外，有两点需要说明，一是由于上市银行营业的整体状况要好于非上市银行（农商行、村镇银行、合作社性质的银行等），故计算出的营业费用率可能略微偏低一些。为此，根据可查数据，共计搜集到 501 家银行公开的财务数据（2007—2020 年），通过对501家银行的营业费用率进行计算,发现其数值与已上市银行(1997—2020年)营业费用率并未呈现显著差别,501家银行营业费用率均值为37.73%,而43家上市银行营业费用率均值为32.97%,且数值均呈现出下降趋势。二是基于数据可得性的考虑,本书考察的金融结构的样本周期为1997—2020年,仅有上市公司可以查阅到这一期间的样本数据。

结合上述对各指标的定义,通过对样本数据进行计算,可得宏观金融结构市场化的测算情况见表3.2。

表3.2 宏观金融结构演化测算情况

年份	Fin_SS	Fin_SA	Fin_SE	年份	Fin_SS	Fin_SA	Fin_SE
1997	0.246 5	0.427 9	0.701 0	2009	0.551 1	4.421 3	1.526 4
1998	0.282 8	0.302 1	0.434 7	2010	0.511 0	4.554 7	1.590 8
1999	0.335 1	0.404 8	0.599 6	2011	0.399 7	4.066 3	1.643 8
2000	0.483 2	0.803 2	0.694 2	2012	0.373 7	3.981 2	1.635 7
2001	0.433 3	0.729 1	0.675 3	2013	0.347 2	3.398 2	1.472 5
2002	0.315 7	1.032 0	1.175 5	2014	0.407 6	3.965 6	1.406 3
2003	0.319 1	1.158 5	1.327 8	2015	0.481 3	7.843 2	2.208 3
2004	0.306 1	0.963 9	0.983 3	2016	0.448 6	6.755 2	2.133 9
2005	0.308 9	2.985 4	2.862 3	2017	0.470 2	5.752 3	1.815 0
2006	0.425 7	2.112 9	1.116 2	2018	0.425 0	5.624 5	2.177 3
2007	0.873 6	4.205 3	0.845 3	2019	0.475 8	6.208 7	2.274 7
2008	0.464 9	4.239 3	1.532 1	2020	0.543 5	6.738 3	2.069 8

表3.3 宏观金融结构演化的统计描述

Variable	Obs	Mean	Std. Dev.	Min	Max
Fin_SS	24	0.426 2	0.127 3	0.246 5	0.873 6
Fin_SA	24	3.444 8	2.331 0	0.302 1	7.843 2
Fin_SE	24	1.454 2	0.630 5	0.434 7	2.862 3

表3.2、表3.3、图3.1反映了1997—2020年24年时间内中国宏观金融结构规模指标(Fin_SS)的演化趋势,总体呈现出向市场主导型演化的趋势,但是考察Fin_SS均值(Mean)为0.426,说明中国宏观金融结构规模总体仍然呈现银行主导型的特征,并且标准差(Std. Dev.)仅为0.127,说明Fin_SS并未呈现出显著的波动,符合前文文献综述的判断,即伴随经济发展水平的提升,中国金融结构并未显著呈现出由银行主导型向资本市场主导型演化的趋势。Fin_SS在2007年达到最大值0.873 6,其原因在于2007年中国股市处于牛市周期内,股票市值为统计样本周期中最高,达到了327 140.88亿元,而随后2008年股市泡沫破裂,股票市值121 366.43亿元,Fin_SS迅速下降为0.464 9,一定程度上反映了中国股市暴涨暴跌的不成熟特点。图3.1中从2000—2005年、2007—2013年,规模指标(Fin_SS)呈现显著下降趋势,中国金融结构市场化改革均出现了持续逆向转变的趋势,即金融结构变得更加倚重银行系统而非市场化的股票市场,导致这两个时期中国宏观金融结构市场化进程转向的主要原因,可能分别是1997年的亚洲金融危机与2008年的全球金融危机的负面冲击效应。

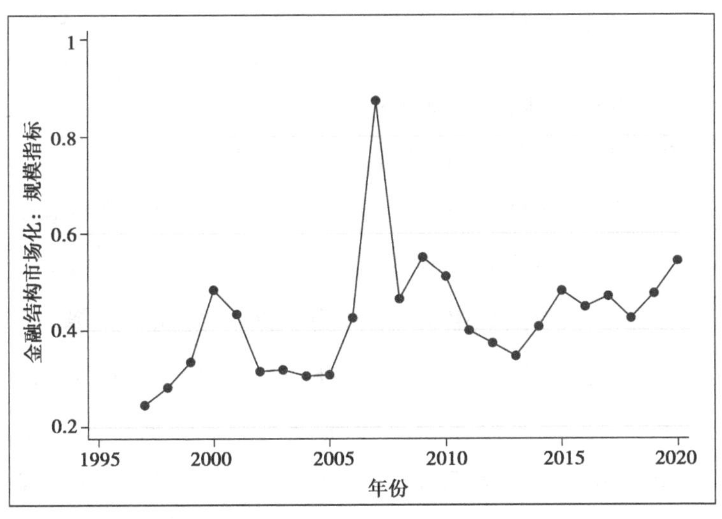

图3.1　中国宏观金融结构演化:规模指标(Fin_SS)

此外,由图3.2可见,中国宏观金融结构的活力指标(Fin_SA)整体呈现显著增大趋势,且表3.2中活力指标均值(Mean)为3.444 75,从1997年的0.427 9扩大到2020年的6.738 3,一定程度上说明中国金融市场化改革是卓有成效的,有效激发了资本市场的活力。然而,数据显示Fin_SA在2010—2013年、2015—2017年呈现下降趋势,金融结构市场化活力有所降低。通过对比,资本市场交易总额各个组成部分,以及金融机构贷款情况,即图3.3,本书认为股票市场成交活跃度对于保持金融市场化活力起着重要作用。

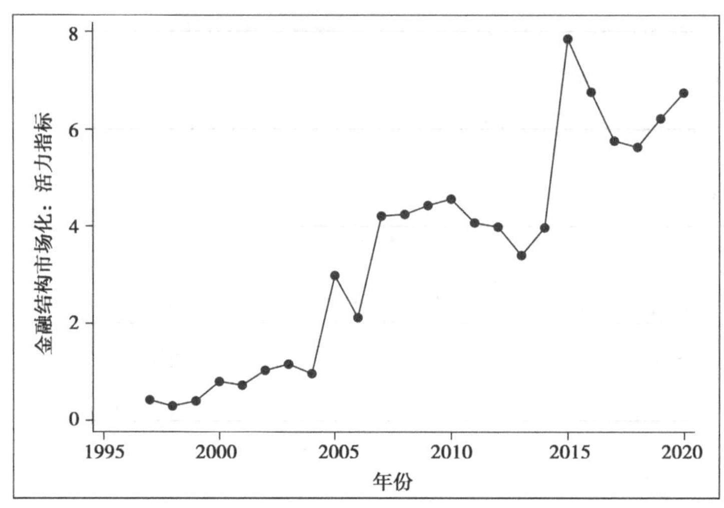

图3.2　中国宏观金融结构演化:活力指标(Fin_SA)

此外,从图3.4中可以看出宏观金融结构演化:效率指标(Fin_SE)数值逐步增大,由1997年的0.7增长为2020年2.069 8,实现近3倍的增长,其主要原因依旧是股票市场成交活跃度。对于银行营业费用率,是以43家已上市银行作为统计样本,由1997年的0.488 7下降为2020年的0.309,基本呈现逐年下降的趋势,究其原因在于金融科技(Fin Tech)技术(如信息化办公软件、金融交易软件等)的投入使用,使得业务及管理费用不断降低(李海凤和史燕平,2014),另外可以预见随着大数据、区块链等新技术的使用,银行营业费用率还会进一步降低。

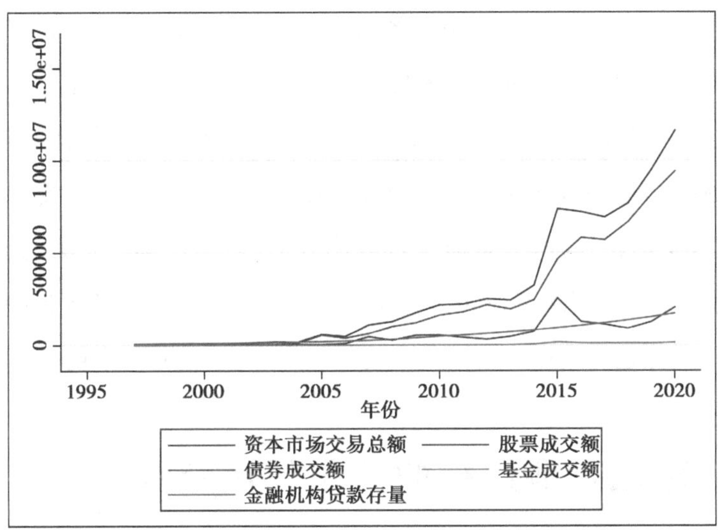

图 3.3 资本市场交易总额与金融机构贷款情况

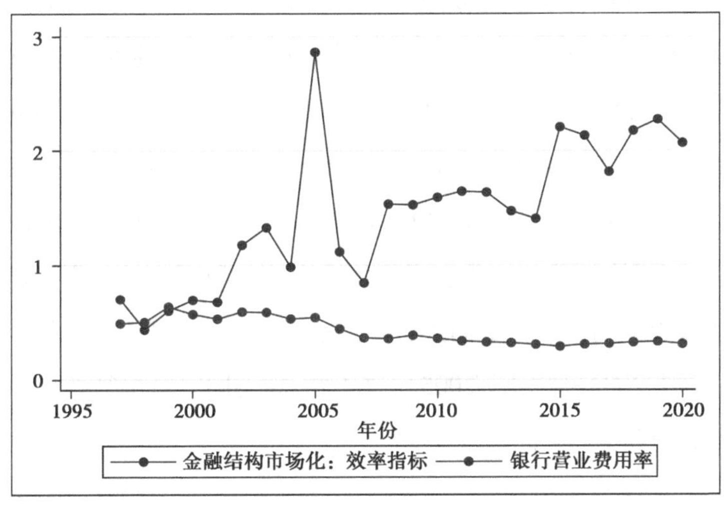

图 3.4 宏观金融结构演化：效率指标（Fin_SE）

综合而言，自 1990 以来中国金融体系改革不断推进，以股票、债券及其衍生品等为代表的资本市场得到了快速发展，资本市场的相对地位得到很大提高，功能也越来越完善，中国宏观金融结构演化的规模指标（Fin_SS）总体呈现向上趋势，但是相较于银行业资产规模而言，若以 Fin_SS=0.5 作为划分金融结构的分界点，可以得出银行主导型金融结构依旧是中国金融体系的主要特征，这是由中国金融发展的历史和中国经济体制所决定的。显然仅仅以规模指标(Fin_SS)考察中国宏观金融结构演化趋势是不合理的,还需要进一步结合活力指标(Fin_SA)、效率指标(Fin_SE)进行判断。活力指标与效率指标均揭示了中国宏观金融结构呈现较为显著的市场化倾向,其主要原因在于资本市场的发展,以及其成交活跃程度,大量研究也表明,股票市场规模的扩大、交投活跃说明直接融资的活跃(唐永华,2007;邢学艳,2011),鉴于此可以认为中国金融结构市场化的演化趋势关键在于资本市场的发展,尤其是股票市场的发展。

3.3 中国银行业结构的演化现状分析

国内外研究表明影响银行效率的因素主要有两点:一是银行业的垄断性市场结构,二是国有银行的产权结构,由此导致在中国银行业的改革方式选择的问题上,理论界一直存在着市场结构改革和产权结构改革之争。部分学者主张应从优化银行业的市场结构切入(于良春和鞠源,1999;贺春临,2004),也有部分学者则认为应从银行业的产权结构改革切入(刘伟和黄桂田,2002;王聪和邹鹏飞,2004),而经济发展的实践表明产权结构单一和行业过于集中是影响银行业效率和绩效提升的两大主要因素,银行业改革应该产权结构优化和市场结构调整并重(吴禅,2005;魏文军,2005),鉴于此,本书同时对银行业的市场结构与产权结构进行分析。

3.3.1 中国银行业的市场结构分析

1)银行业市场结构研究评述

改革开放以来,中国银行业从最初的大一统银行体制变革发展成目前多种金融机构并存发展。动态地看,中国银行业的市场结构开始从典型的完全垄断、四大国有独资商业银行寡头垄断、高度集中转变为垄断竞争、适当集中(张芳和李龙,2012)。关于银行业结构的研究成果不断出现,研究内容主要集中于对中国银行业结构变迁模式、现状特征和发展趋势的度量、分析和展望以及中国银行业结构和银行业绩效之间的关系。中国银行业市场结构变迁研究发现,中国银行业结构变迁遵循渐进性变迁路径。由于1978年以后中国经济快速不平衡增长,中国省际银行系统发展差距不断加大(Fan etal.,2009;Wang etal,2008)。王文娟(2012)认为,在相当长的时期内,中国银行业市场结构的变迁仍将遵循政府主导的渐进式变迁方式,但未来市场机制的作用将逐渐提升。贺小海和刘修岩(2008)发现中国银行业结构在省际和东中西部之间存在着非均衡演化现象,而且银行业结构的地区差异无论是在省际层面还是在东中西部层面,总体上都呈现扩大趋势。

从宏观上来看,一个国家的银行业结构可以由国有银行、商业银行、政策性银行、专业性银行等银行业金融机构构成,因此研究中国银行业市场结构时不可避免地会涉及国有银行垄断的问题,大量研究表明虽然中国银行业竞争不断增强,但是国有产权仍然占据主要地位。陈晶萍和房玉平(2007)认为从动态来看,中国银行业的市场结构向垄断竞争趋势发展,但国有商业银行的垄断势力在短期内不会消失。李华民(2005)指出,中国银行业呈现出政府主导下的国有银行合谋性寡头垄断与中小银行竞争并存的双轨格局,市场化改革的重点是打破寡头银行的主导地位,增强行业竞争。彭欢(2010)认为,中国银行业市场结构总体呈现垄断竞争状态,占据主导地位的四大国有银行与非国有银行之间呈现垄断竞争状态,但四大国有银行之间的竞争环境具有较显著的完全竞争型市场结构特点,非国有银行之间的竞争也呈现出垄断竞争的状态。

银行集中度是学者用于测算银行业产业结构时最常用的一个指标,一般是用银行业金融市场内排名前N家最大的银行的总资产、存贷款或者用工人数等占全银行系统总资产、存贷款、用工人数的比重来衡量。行业集中度反映的是行业产业结构和竞争程度的发展变化,银行业集中度至少反映了三方面的信息:第一,反映了银行业的内部竞争结构;第二,反映了银行业系统中大小银行的相对实力和相对地位；第三，刻画了大小银行金融机构为应对不同层次的企业资金需求在整个行业内的分工状况。根据既有研究文献，目前测度银行集中度的指标主要有集中率（CR_n）、勒纳指数（Lerner Index）、赫芬达尔指数（Herfindal-Hirschman Index，HHI）、基尼系数（Gini-Coefficient）、N 指数、洛伦兹曲线（Lorenz Curve）、H 统计量（Panzar Rosse H Statistics）、熵值（Entropy Coefficient）等。基于数据的可得性，本书拟采用赫芬达尔指数作为银行业机构研究的核心解释变量，使用银行前 4 名的总资产集中率（CR_4）作为实证分析的稳健性检验替代变量。此外，为了考察金融资产供给的所有权倾向问题，本书还从产权性质对银行业结构进行分析。

2）赫芬达尔指数

赫希曼最早提出了赫芬达尔指数，1990 年赫芬达尔对赫希曼提出的指数进行了更深刻的阐述，所以称为赫芬达尔-赫希曼指数，其计算方式如下：

$$\mathrm{HHI} = \sum_{i=1}^{n}\left(\frac{x_i}{X}\right)^2 = \sum_{i=1}^{n}(S_i)^2 \tag{3.1}$$

其中，N 表示银行的总数目，x_i 为银行 i 的总资产规模，X 为某个国家银行资产总规模，S_i 为银行 i 市场份额。当完全垄断情况下，HHI = 1；当完全竞争情况下，HHI = 1/N，因此 HHI 越大即越接近于 1，表示市场集中度程度越高，则行业垄断程度越高。

赫芬达尔指数是产业市场集中度测量指标中较好的一个指标，兼有绝对集中度与相对集中度指标的优点，不仅能反映整个行业的市场结构，还能反映行业内大企业的市场份额，进而能够更加准确地反映大企业对市场的影响程度。此外，赫芬达尔指数不受企业数量和规模分布的影响，能够较好地测量产业的集中度变化情况，因此只要产业内有企业合并，该数值就会变大，集中度提高，反之亦然。基于赫芬达尔指数的市场结构判断标准见表 3.4。

表 3.4 以 HHI 为基准的市场结构分类

寡占型				竞争型	
高寡占Ⅰ型	高寡占Ⅱ型	低寡占Ⅰ型	低寡占Ⅱ型	竞争Ⅰ型	竞争Ⅱ型
HHI≥0.3	0.3≥HHI≥0.18	0.18≥HHI≥0.14	0.14≥HHI≥0.01	0.01≥HHI≥0.005	0.005≥HHI

参考来源：银行业研究结构课题组，全球银行业结构与发展，中国商业出版社，2016 年。

鉴于数据可得性，本书选取中国境内 501 家公开其财务数据（2007—2020 年）的银行，剔除无效数据后，获得共计 3 089 个样本数据。按银行金融资产规模测算 HHI，统计及测算结果见表 3.5。

表 3.5 HHI 指数基准下的中国银行业市场结构分类

年份	HHI×10000	HHI	市场结构
2007	1 989.04	0.198 90	高寡占Ⅱ型
2008	1 073.06	0.107 31	低寡占Ⅱ型
2009	943.94	0.094 39	低寡占Ⅱ型
2010	913.49	0.091 35	低寡占Ⅱ型
2011	829.89	0.082 99	低寡占Ⅱ型
2012	740.08	0.074 01	低寡占Ⅱ型
2013	658.15	0.065 82	低寡占Ⅱ型
2014	637.08	0.063 71	低寡占Ⅱ型
2015	601.40	0.060 14	低寡占Ⅱ型
2016	608.32	0.060 83	低寡占Ⅱ型
2017	593.69	0.059 37	低寡占Ⅱ型
2018	561.76	0.056 18	低寡占Ⅱ型
2019	557.79	0.055 78	低寡占Ⅱ型
2020	689.18	0.068 92	低寡占Ⅱ型

考察 HHI 数值由 2014 年的 0.198 9 下降为 2020 年的 0.068 92，银行业市

场结构由高寡占Ⅱ型向低寡占Ⅱ型过渡，银行业市场化改革成效显著，但规模最大的四家银行均来自国有控股大型商业银行。2007—2012 年 HHI 数值快速下降，符合转型国家向高等收入国家发展过程中银行集中度变化的基本特征。银行集中度快速下降的主要原因在于股份制商业银行、城市商业银行、农村商业银行等中小型金融机构的迅速发展，并且期间不良资产的处置，监管加强，导致银行集中度稍有波动。此外，2006 年起中国加快对外开放步伐，逐步放宽外资银行准入条件，外资银行开始大规模进军中国市场。2007 年邮政储蓄银行成立，其资产份额迅速增长，联合农商银行迅速占领中小微企业和农村市场。

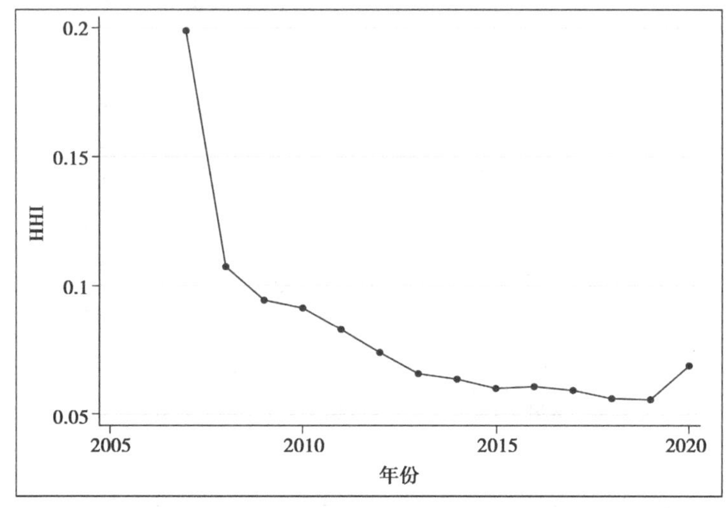

图 3.5　中国银行业市场结构的 HHI

由表 3.5 及图 3.5 可知，2012—2020 年中国银行业 HHI 保持相对稳定，且略有上升。随着中国经济的发展水平不断提高，中国银行业从一个较高的集中度水平，总体经历了不断下降的过程，这符合本书研究指出的低等收入国家集中度较高，进入中低等收入国家后会逐渐下降的历史规律。

3）**集中率指标**（*CR*）

银行集中率（*CR*）一般是将银行业金融市场内排名前 *N* 家最大的银行的总资产、存贷款或者用工人数等占全银行系统总资产、存贷款、用工人数的比重来衡量。CR_n 是银行集中度的刻画指标之一，该指数值越大，表明该行业中垄断程度就越高，其计算公式如下所示：

$$CR_n = \sum_{i=1}^{n} \frac{x_i}{X} = \sum_{i=1}^{n} S_I \tag{3.2}$$

以资产占比计算 CR_n 为例（如式 3.2），其中 x_i 表示第 i 个银行的资产额；X 表示银行业资产总额。因为银行集中度指标 CR_n 易于理解，且数据易得，因此通常被应用于银行集中度问题的实证研究。CR_n 的值在 0 与 1 之间，越接近 1 说明银行体系集中程度越高，反之则集中程度越低。CR_4 与 CR_8 是最常采用的集中度测算指标，故本书根据 CR_4 数据对银行集中度进行计算，分类结果见表 3.6。

表 3.6 以 CR_4 为基准的市场结构分类

市场结构	寡占Ⅰ型	寡占Ⅱ型	寡占Ⅲ型	寡占Ⅳ型	竞争型
CR_4	$0.75 \leqslant CR_4$	$0.65 \leqslant CR_4 < 0.75$	$0.5 \leqslant CR_4 < 0.65$	$0.35 \leqslant CR_4 < 0.5$	$CR_4 < 0.35$

参考来源：银行业研究结构课题组，全球银行业结构与发展，中国商业出版社，2016 年。

采用同样的样本数据，按银行金融资产规模测算其银行集中率 CR_4 与 CR_8，统计及测算结果见表 3.7。

表 3.7 中国银行业资产规模及其 CR 基准下市场结构分类

Year	Obs	Total	Min	Max	CR_4		CR_8
2007	28	255 479.60	113.81	86 842.88	0.73	寡占Ⅱ型	0.88
2008	67	514 123.30	101.30	97 576.54	0.61	寡占Ⅲ型	0.79
2009	109	682 859.10	47.57	117 850.50	0.57	寡占Ⅲ型	0.74
2010	138	800 477.90	43.51	134 586.20	0.56	寡占Ⅲ型	0.73
2011	170	965 090.30	27.99	154 768.70	0.53	寡占Ⅲ型	0.70
2012	203	1 162 374.00	2.20	175 422.20	0.49	寡占Ⅳ型	0.66
2013	245	1 368 640.00	2.92	189 177.50	0.46	寡占Ⅳ型	0.52

续表

Year	Obs	Total	Min	Max	CR_4		CR_8
2014	265	1 543 139.00	3.48	206 099.50	0.44	寡占Ⅳ型	0.62
2015	282	1 772 582.00	4.71	222 097.80	0.42	寡占Ⅳ型	0.61
2016	291	1 939 211.00	5.93	241 372.70	0.43	寡占Ⅳ型	0.61
2017	317	2 106 342.00	1.37	260 870.40	0.42	寡占Ⅳ型	0.60
2018	324	2 333 460.00	2.78	276 995.40	0.41	寡占Ⅳ型	0.59
2019	336	2 532 570.00	1.80	301 094.40	0.41	寡占Ⅳ型	0.58
2020	314	2 485 577.00	2.03	333 450.60	0.45	寡占Ⅳ型	0.65

考察 CR_4 数值,由 2014 年的 0.73 下降为 2020 年的 0.45,银行业市场结构由寡占Ⅱ型向寡占Ⅳ型过渡;CR_8 也由 0.88 下降为 0.65,银行业市场的行业集中度有所下降,垄断程度降低。总体而言,CR_4、CR_8 的演化趋势与 HHI 指数演化趋势是一致的,此处不再赘述。

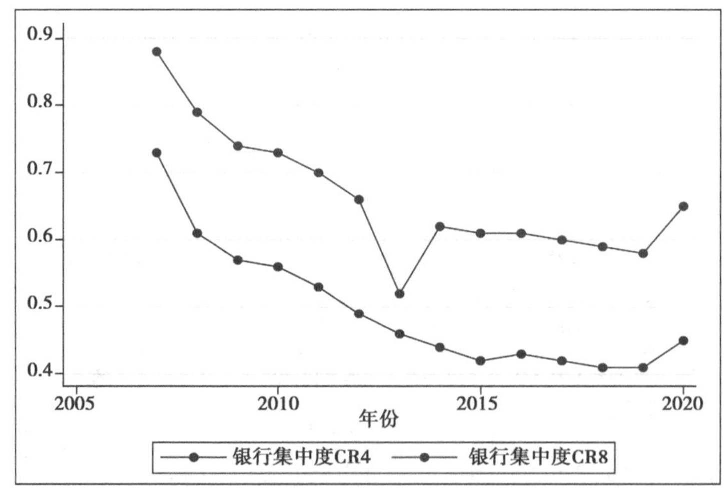

图 3.6 中国银行业集中度指标(CR_4、CR_8)

根据世界银行对全球国家经济发展水平的分组,目前中国处于中高等收入国家行列,但是考虑到高等收入国家银行集中度呈现稳定且略有上升的情况,本书认为中国的银行集中度符合这样的判断，即在2015年以后经历一个缓慢下降的阶段，随后会出现一个银行集中度“底部”，并且伴随中国经济的进一步发展，银行集中度或将进入一个相对稳定且略有上升的通道。就本书测算的CR_4、CR_8、HHI而言，中国银行业集中度似乎已经进入这一上升通道，其持续性如何有待进一步验证。

3.3.2 中国银行业产权结构分析

1)银行业产权结构研究评述

银行业的产权结构分析侧重于所有权拥有者类型的不同，一般可分为三大类：公共产权银行、私营产权银行和合作产权银行，即由政府拥有全部所有权或控股的国有银行、一般法人拥有所有权的私营商业银行，以及由自然人和团体（一般有地区性限制）所组织的具有互助合作性质的合作银行。Altunba等(2001)把德国的银行分为三类：私蓄商业银行、公共储蓄银行和互助合作银行。Tulkens(1993)将英国的银行分为两大类：公营银行和私营银行。张健华(2003)将中国的商业银行分为国有商业银行、股份制商业银行、城市商业银行三种。银行业产权结构最常见的衡量方法是：根据特定年份有关统计资料计算出的政府直接拥有或者通过其他公司间接拥有银行产权占银行总产权的比重。如Barth等(2006)利用国有产权占50%以上银行的资产占地区银行业总资产的比重来衡量银行业的产权结构。蔡卫星和曾诚(2012)利用四大国有银行非国有股权比重的加权平均值来衡量银行的产权结构。还有学者利用四大国有商业银行存款余额加总占全部金融机构存款余额的比重、四大国有商业银行贷款余额加总占全部金融机构贷款余额的比重来表示国有银行垄断程度（刘瑞明，2011；齐兰和王业斌，2013）。本书采用国有性质银行的资产规模与银行业资产总规模的比值来测算银行业产权结构。

2)产权结构(Bank Ownership Structure)测度指标

此处依旧采用中国境内501家公开其财务数据(2007—2020年)的银行，剔除无效数据后，获得共计 3 089 个样本数据。本书按产权性质将中国银行业分为五种类型，分别为政策性银行、国有控股大型商业银行、股份制商业银行、农村类金融机构（含农村商业银行、农合行、农信社、三类新型农村金融机构）、外资银行，并按金融资产规模绘制如下柱形图。

由图 3.7 可以明显发现，国有控股大型商业银行占了中国银行业的大部分资产份额。此外，若按产权性质划分，政策性银行也应认定为国有控制性质的银行，据此本书认为中国的银行业具有显著的国有银行主导型的产权特征。为进一步考察银行业产权性质特征，表 3.8 中按年份对政策性银行、国有控股大型商业银行的资产占比情况进行计算，Bank_Policy 为政策性银行资产占银行总资产的比值，Bank_Own1 为国有控股大型商业银行占银行总资产的比值，Bank_Own2 为两者之和，表示国有性质银行占银行总资产的比重，具体结果如下。

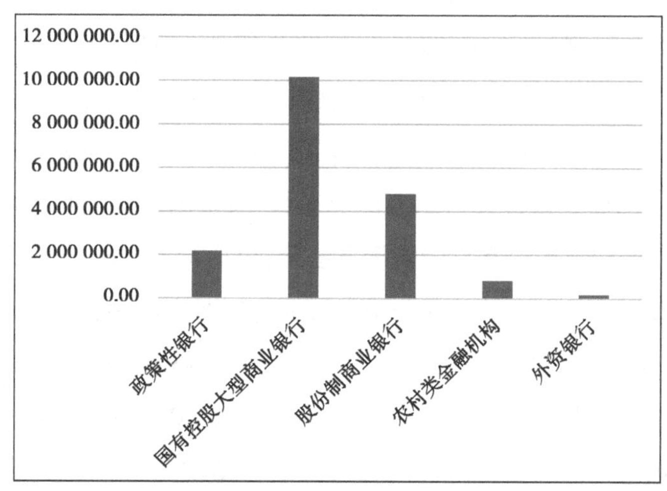

图 3.7 中国银行业资产分布情况（按产权性质划分）

表 3.8 国有控股性质的银行资产占比情况

年份	政策性银行		国有控股大型商业银行		Bank_Own2
	Obs	Bank_Policy	Obs	Bank_Own1	
2007	0	0.00	3.00	0.68	0.68
2008	2	0.10	5.00	0.66	0.76

储蓄视为国内金融资产需求(S),将国内发行债券(B)、贷款(C)、股权(E)、短期存款(ΔS. D.)以及境外资产净购买(NPFA)的总额定义为金融资产供给(F),即 $F=B+L+E+\Delta S.D.+NPFA$,构造出如下金融资产短缺指数：

$$AS=1-\frac{B+C+E+\Delta S.D.+NPFA}{S}=1-\frac{F}{S} \tag{3.3}$$

本书也是采用这一衡量方法测算中国金融资产短缺的程度。需要说明的是,出于预防性的需要,短期存款(ΔS. D.)也被包含在金融资产范畴内;境外金融资产净购买(NPFA)实际上是兼顾了境外投资者的国内投资以及国内投资者的境外投资的双重投资活动。故而,后续研究将对是否把短期存款(ΔS. D.)、境外金融资产净购买(NPFA)纳入金融资产供给作进一步分析,此处不再赘述。

对于金融资产短缺是否存在的界定,是基于 Chen 和 Imam 的金融资产短缺指数 AS。任何一个经济体的金融资产供给(F)与金融资产需求(S)不可能为负数,故 $F/S>0$ 恒成立,因此 AS<1 恒成立。当 0<AS<1 时,表示经济体系中存在金融资产短缺,且 AS 越大资产短缺越严重,金融资产供给越无法满足经济发展对金融资产的需求。当 AS=0 时,表示金融资产供给与金融资产需求相等,金融资产供需实现了均衡,达到了最优状态。当 $-\infty$<AS<0 时,表明不存在金融资产的短缺,而是存在一定程度的金融资产过剩,且 AS 越小金融资产供给越多,总结见表 3.9。

表 3.9　金融资产短缺指数参照表

$-\infty<AS<0$	$AS=0$	$0<AS<1$
不存在短缺	实现均衡	存在短缺

理论研究认为弥补资产短缺的市场机制有三种,以此实现资产供给与资产需求的相互平衡。第一种机制是在一定的条件下,借助投机性泡沫的价值储藏服务,条件一是股利增长率低于实际(均衡)利率,以保证现值是一个正值;条件二是实际(均衡)利率要高于经济增长率,这是保值的基本要求。当经济处于不

断发展时，对于资产需求是不断增加的，为保证在未来能够顺利出售资产而获取资本收益，根据套利理论，资本收益率应不低于经济增长率，即经济增长率是实际（均衡）利率的下限值，即资产价格=基本值+泡沫，此时泡沫发挥了价值储藏作用。第二种机制是通过降低贴现利率，增大现有资产的基础价值。通常这里的贴现利率就是实际利率。当大量的储蓄追逐较少的投资时，实际利率便会保持在较低的水平。由于资产的收益性要求，低利率促使投资者寻求具有更高收益的资产，如股票、期货等衍生金融工具，这样会使得实际利率进一步下降。抑或是储蓄为追求较高收益，而实现资本的跨境流动，以此来实现资产需求与供给的均衡。第三种机制是资产泡沫破裂后的平衡机制，一旦资本收益率远超过实际（均衡）利率，就会存在泡沫破裂的可能，通过刺穿泡沫迫使资本收益率急剧下降，以此来平衡资产供需。

邢军峰、范从来等人（2014）也认为世界各国在资源禀赋、发展阶段及国际分工方面存在差异，全球失衡是一种常态，并且他们认为金融资产短缺并不是资产泡沫产生的唯一原因，金融资产假说在一定程度上夸大了新兴经济体的资产短缺程度。Chen 和 Imam（2013）认为新兴市场中出现的经济增长率下降、实际利率下降、普遍存在的资产泡沫，以及资本外流等正是资产短缺的重要表现。虽然学者们对从"资产短缺假说"角度解释经济增长问题存在异议，但是对于"资产短缺"假说的基本理论是较为认可的。

2）关于统计口径的讨论

以中国为代表的新兴经济体，由于金融发展长期滞后于经济发展，其资本产出能力与资产创造能力存在一定程度的不对等，资本产出能力显著超过资产创造能力，便会产生金融资产短缺现象，当然欧美、日韩等发达经济体在经济发展的初期阶段同样面临这一问题。金融资产的供给属于增量概念，反映一个年度内金融资产的供给净额与需求净额，因此金融资产短缺衡量的是一个年度金融资产的供需情况。本书采用公式（3.3）测算中国的金融资产短缺大小，对于金融资产需求，以及各类金融资产的测算做一定的说明，如下：

①金融资产需求(S)，即国民储蓄，拟采用国内生产总值(GDP)加上国际收支平衡表中收益净流入和经常转移净流入再减去最终消费间接获得，即“S=GDP+收益净流入+经常转移净流入-最终消费”。其中，收益净流入为经常账户下的初次收入净额，由雇员报酬、投资收益与其他初次收入三个部分构成；经常转移净流入为经常账户下的二次收入净额，代表各级政府产生的国际各项转移支付，反映了国际援助的变化情况。另外，最终消费由居民消费支出和政府消费支出两部分构成(范从来等，2012、2013、2015)。

②对于金融资产供给，拟采用“债券发行额(B)+股票筹资额(E)+信贷规模(C)+境外资产净购买(NPFA)+活期存款增量(ΔS. D.)”计算获得，各部分内涵及统计口径如下：i. 债券发行额(B)，由国债发行额与企业债券发行额两个部分构成，其中国债是债券的主要构成，占比相对较高。ii. 股票筹资额(E)主要是指沪深两市A股市场筹资规模，包含IPO、增发、配股在内。iii. 信贷规模(C)用金融机构人民币各项贷款来计量，表示一定时期内实体经济从银行体系获得的贷款资金总额。iv. 境外资产净购买(NPFA)，其统计口径为国际收支平衡表中的证券投资、其他投资额、误差与遗漏三个项目借方余额累计额。v. 活期存款增量(ΔS. D.)采用货币供应量中活期存款当期余额减去上期余额计算而得。

绝大多数研究对国内发行债券(B)、银行信贷(C)、股票(E)作为金融资产主要构成较为认可，是否将境外资产净购买(NPFA)与短期存款变化量(ΔS. D.)作为金融资产构成仍存在一定的争议。范从来、刘绍保(2012)认为，引入NPFA不能客观真实地反映一国财富创造、经济增长与价值贮藏工具之间的关系，大大减弱了资产短缺的信号警示功能，而剔除了NPFA的指数更能反映一国国内真实的资产短缺程度，也更能反映其资产供给能力的提升对于经济发展贡献程度的变化，更有参考价值和现实意义。此外，他们认为虽然短期存款(ΔS. D.)能够更加真实地反映金融供给状况，但是货币资金不能被认为是一种金融资产，是企业和居民出于流动性需求而存在，且数值较为稳定，与通货膨胀相关，呈现利率刚性。故而将(1.1)式修正如下(3.4)式。范从来、刘绍保

(2012)认为(3.4)式比(3.3)式更能反映一个经济体的资产短缺程度,也更能反映其资产供给能力的提升对于经济发展贡献程度的变化,故更有参考价值和现实意义。

$$AS = 1 - \frac{L+B+E}{S} \tag{3.4}$$

此处需要说明,由于剔除境外资产净购买(NPFA),以及短期存款(ΔS. D.),AS 数值会有所放大,但这并不会否定范从来等学者认为中国存在金融资产短缺的研究结论。此外,邢军峰(2014)认为由于存在非计划性存货投资、FDI 扰动,式(3.3)、(3.4)并不能反映中国金融资产供给与需求的实际发生情况,故而构造了新的资产短缺指标①,此处仅做一个说明。

3.4.2 中国金融资产供给的规模特征

金融资产供给结构(Supply_Str),拟采用“债券发行额(B)+股票筹资额(E)+境外资产净购买(NPFA)”与“信贷规模(C)+活期存款增量(ΔS. D.)”的比值加以衡量。由表 3.10 及图 3.8 可知,Supply_Str 的结构判断在绝大部分年份是小于 1 的(仅有 6 年是取值大于 1),并且 Supply_Str 均值为 0.716 3,表明银行类金融资产供给增量要显著大于资本市场类金融资产供给增量,这与范从来等人提出的“中国金融资产短缺更多地表现为股票、债券性质的优质金融资产的短缺”结论是一致的。值得一提的是,此处所揭示的金融资产供给呈现出“银行

---

① 根据余永定、覃东海(2006)有关储蓄—投资和外汇储备研究,邢军峰(2014)认为资产短缺的绝对量等于国内总储蓄与国内总投资的差额,这个差额表现为境内主体对境外金融资产的净持有额,在价值上则等于外汇储备增量,故而得出外汇储备和储蓄—投资缺口之间完整的关系式是:$(s_p+s_g)-(i_p+i_g)=i_f-ca$。其中,国内总储蓄由国内私人部门储蓄($s_p$)与国内公共部门储蓄($s_g$)总和,国内总投资由国内公共部门投资($i_g$)与私人部门总投资($i_p$)总和,外汇储备增量等于外商直接投资($i_f$)与经常项逆差($c_a$)的差额。将上式两边同除以 s_p+s_g,整理后就得到资产短缺指数:$AS=1-\frac{i_p+i_g}{s_p+s_g}=\frac{i_f-ca}{s_p+s_g}$,虽然该式弥补了(1.1)、(4.1)式存在的不足,但该式更适用于衡量非金融资产短缺状况,并不满足本书研究金融资产供给结构性特征的要求。

主导型”的结构特征，恰好属于从银行体系与资本市场视角定义的“二元”金融结构的研究范畴，下文将对其内在关系进行分析。银行主导型的金融结构最为直接的体现是大量财富是以资金的方式存储于金融中介，由此导致以股票、债券及其衍生品等为代表的优质金融资产短缺长期存在（沈军和白钦先，2006；马勇，2010；马勇和李镏洋，2015）。

表 3.10　中国金融资产供给结构的测算情况

年份	Supply_Str		年份	Supply_Str	
	数值	结构判断		数值	结构判断
1997	-0.010 2	0	2009	0.664 9	0
1998	0.105 8	0	2010	0.918 7	0
1999	0.102 3	0	2011	0.889 8	0
2000	0.220 6	0	2012	0.453 1	0
2001	0.348 3	0	2013	0.563 0	0
2002	0.364 6	0	2014	0.457 3	0
2003	0.523 5	0	2015	0.406 9	0
2004	1.188 2	1	2016	0.589 3	0
2005	1.764 8	1	2017	0.746 0	0
2006	1.265 5	1	2018	1.022 8	1
2007	1.438 9	1	2019	0.802 8	0
2008	1.368 3	1	2020	0.994 9	0

注：①若 Supply_Str>1，表示资本市场类资产供给量>银行信贷资产供给量，结构判断数值取 1，否则取 0；

②Supply_Str 均值为 0.716 3，标准差为 0.462 3。

为更直观地考察 1997—2020 年中国金融资产供给结构的特征，现绘制如图 3.8、3.9。

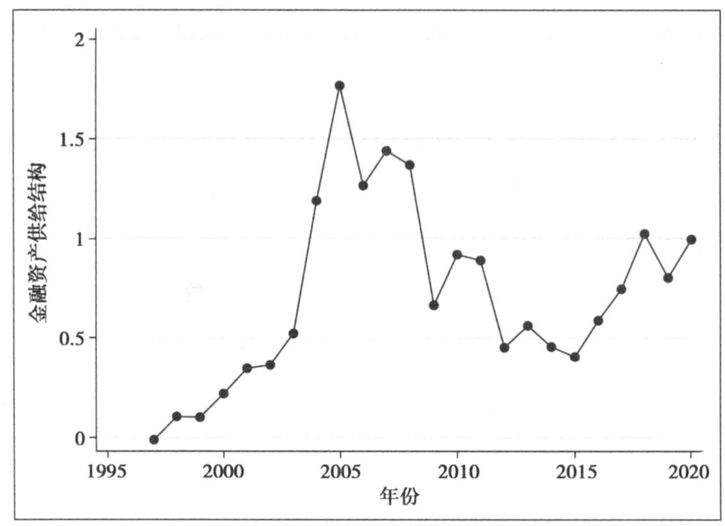

图 3.8 金融资产供给结构示意图

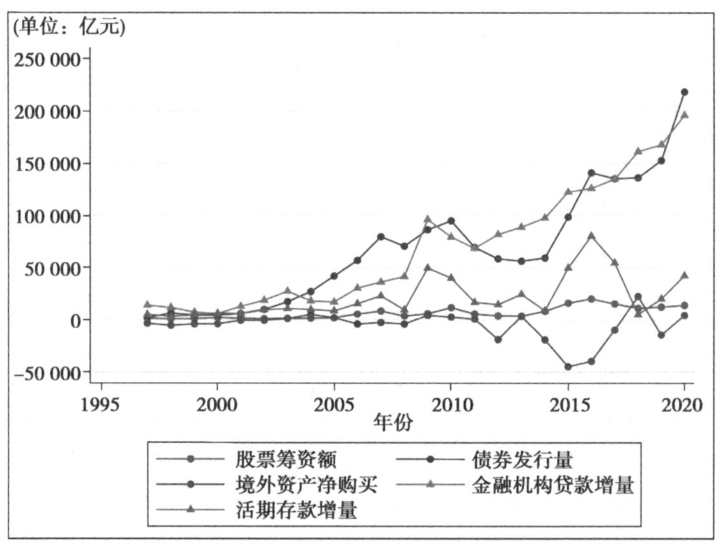

图 3.9 各类型金融资产供给情况

就 Supply_Str 的曲线特征而言，大体分为三个阶段：1997—2003 年呈上升趋势、2003—2015 年呈下降趋势、2015—2020 年呈上升趋势。结合图 3.9 金融资产供给情况，大致可以看出在其他类型金融资产供给保持相对稳定的情况下，从 2003 年起债券发行规模呈现快速上升趋势，而此时金融机构贷款并未同步增大，Supply_Str 呈现出显著的市场化倾向，这种情况一直维持到 2008 年前后，国内为应对国际金融危机大幅度扩大银行信贷规模，使得金融资产供给表现为逆市场化趋势。2015 年前后，为促进中国经济转型发展，更好地支持转方式调结构、服务实体经济发展，更好地发挥信贷政策导向作用，2015 年人民币贷款增加 12.28 万亿元，进而引致短期存款规模的大幅增加，因此当年直接融资占比也创下了阶段新高（即 Supply_Str 为阶段最低）。此外，由于境内主体对境外汇率、利率和市场的预期发生变化，主动扩大了境外资金的运用，进而 2014 年国际收支平衡表中金融项目下的其他投资净额由上年的净流入转为净流出，NPFA 占比由 2013 年的 3 722.39 亿元下降至 2014 年的-44 822.75 亿元，下降幅度较大。综合而言，中国金融资产供给呈现出结构性特征，即体现为“货币多、资本少”，并且金融资产的供给规模易受当期货币信贷政策、跨境投融资政策调整的影响，使得金融资产供给结构呈现较大波动。

3.4.3　中国金融资产供给的结构性短缺

大量研究表明新兴经济体普遍存在的金融资产短缺，并非金融资产的绝对短缺，而是表现为优质金融资产的相对短缺，即存在“金融资产结构性短缺”问题。Stefano Giglio 和 Tiago Servero（2012）认为资产短缺问题的关键不是价值储存的绝对短缺，而是表现为高收益的证券资产相对稀缺，以及低收益证券资产的相对过剩，资产供需不平衡是资产短缺假说的基本内涵，与 Caballero 的认识是一致的。李扬（2014）所言，中国已不是资金短缺国家，但是长期资金，尤其是股权资金的供给，却严重不足。范从来（2012、2013）等人也认为中国金融资产短缺更多地表现为股票、债券性质的优质金融资产的短缺，呈现出“货币多、资本少”的金融供给特征（郭树清，2012；阎庆民，2019）。

本书采用公式（3.3）的计算方法，即全口径下的金融资产短缺指数 AS。本书数据真实可靠，来源于国家统计局网站、中国人民银行网站、中国债券信息网、CSMAR 等。鉴于数据可得性，计算出 1997—2020 年共计 24 年期间金融资产短缺指数,数值见表 3.11。

表 3.11　1997—2020 年中国金融资产供给短缺测算

年份	AS		年份	AS	
	数值	短缺判断		数值	短缺判断
1997	0.415 9	存在	2009	-0.385 0	不存在
1998	0.502 0	存在	2010	-0.086 1	不存在
1999	0.605 7	存在	2011	0.324 6	存在
2000	0.599 8	存在	2012	0.463 0	存在
2001	0.392 0	存在	2013	0.371 8	存在
2002	0.181 1	存在	2014	0.483 5	存在
2003	-0.005 6	不存在	2015	0.225 0	存在
2004	0.156 4	存在	2016	0.009 1	存在
2005	0.162 6	存在	2017	0.108 4	存在
2006	0.009 3	存在	2018	0.175 4	存在
2007	-0.071 0	不存在	2019	0.216 1	存在
2008	0.262 0	存在	2020	-0.039 2	不存在

注:①AS 统计口径为未剔除 NPFA、ΔS. D.;

②判断是否存在金融资产短缺,可参照表 3.9 金融资产短缺指数参照;

③AS 均值为 0.211 5,方差为 0.244 8。

由表 3.11 可知,AS 在 2003 年、2007 年、2009 年、2010 年、2020 年均不存在金融资产供给短缺,绝大部分年份是存在金融资产供给短缺的,这与范从来教授团队的结论一致,即"结合中国金融发展实践研究认为 1994 年以来,中国金融资产短缺指数一直位于零值之上"。为更加直观地考察中国金融资产供给短缺情况,将表 3.11 绘制成图 3.10。

由上述表 3.11 与图 3.10 可知,2003 年、2007 年、2010 年、2020 年 AS 取值较小,几乎可以认为金融资产的供给与需求达到了均衡状态,而 2009 年 AS 取值达到了-0.385 0,存在较为明显的金融资产供给过剩。为了应对 2008 年金融

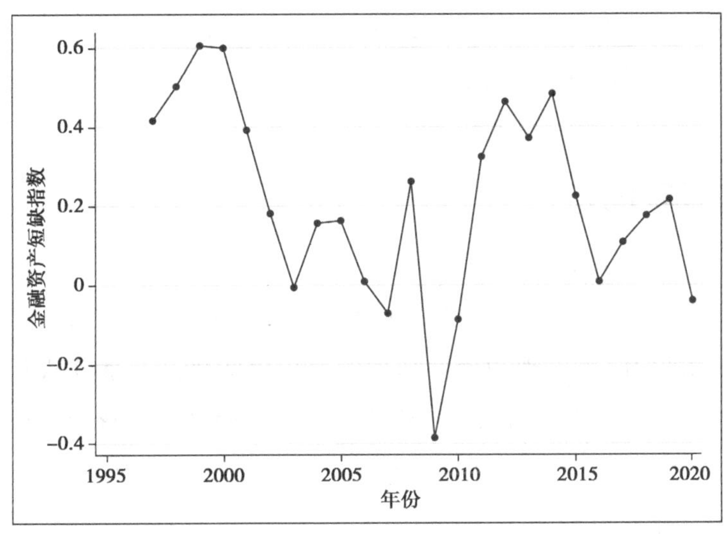

图 3.10　1997—2020 年中国金融资产短缺状况

危机，4 万亿经济刺激计划带来的信贷宽松效应，使得金融机构人民币各项贷款扩大了 1.3 倍，债券发行规模也扩大了近 1 倍，使得 2009 年金融资产供给相对过剩，并且也使得 2010 年面临较小的资产短缺[AS(2010)=0.086 1]。这两个时段与范从来、刘绍保(2013)所论述的“2002—2003 年的大多数时期内，中国并不存在显著的资产短缺；2007 年第三季度以及 2009 年 1～2 季度，中国同样也不存在资产短缺”的论断基本是吻合的。

此外，2015 年前后中国金融资产短缺呈现快速下降，原因在于促进资本市场健康发展的政策文件发布后，资本市场尤其是股票市场与债券市场得到政策红利而实现快速发展，股票筹资额由 2014 年末的 8 498.26 亿元增加到 2016 年末的 20 297.39 亿元，债券发行规模由 2014 年末的 59 517.84 亿元增加到 2016 年末的 141 438.69 亿元，均实现了较大幅度的增长。值得一提的是，2016 年前后金融资产短缺的相对低点与 2009 年前后的相对低点有着本质区别，2016 年前后金融资产短缺的缓解主要是由于资本市场金融资产的供给大幅度增加，而 2009 年前后则主要是由于人民币贷款规模的扩大，这两者的差别意味着金融政策发生了调整，由直接金融资产供给向间接金融资产供给转变，说明股票和债券市场等资本市场在金融资产供给方面的作用得到加强(赵建和章月明,2010;中国经济增长前沿课题组,2012)。

3.5 本章小结

中国金融业取得了巨大发展,不仅表现为金融规模的不断扩大、金融服务效率与功能的提升,更表现为金融结构的市场化演化。本章节从宏观金融结构、银行业结构、金融资产结构 3 个维度对中国金融结构演化的市场化趋势进行了分析,探究了中国金融结构的主要特征,以及金融资产的供给现状,主要研究内容与结论如下:

一是宏观金融结构的研究,借鉴 Beck 和 Levine(2002)与 Levine(2002)等学者对宏观金融结构的分析,选取规模指标、活力指标与效率指标这 3 个维度对中国宏观金融结构演化进行测度。研究发现自 1990 年以来中国金融体系改革不断推进,以股票、债券及其衍生品等为代表的资本市场得到了快速发展,资本市场的相对地位得到大幅度提高,功能也越来越完善,中国金融结构演化的规模指标(Fin_SS)总体呈现出向上趋势,但是相较于银行业资产规模而言,银行主导型的金融结构依旧是中国金融体系的主要特征。此外,活力指标(Fin_SA)、效率指标(Fin_SE)均揭示了中国金融结构呈现出较为显著的市场化倾向,其原因在于资本市场的发展以及其成交活跃程度的提升。

二是银行业结构的研究,本书除了采用赫芬达尔指数(HHI)、银行前 4 名、前 8 名的总资产集中率(CR_4、CR_8)作为银行业结构的关键指标,还对银行业的产权结构进行了测度。CR_4、CR_8、HHI 3 个指标测算表明随着中国经济的不断发展,中国银行业集中度水平总体呈现下降趋势,由高寡占向低寡占过渡;2012—2020 年中国银行业集中度进入一个相对稳定且略有上升的通道,即在 2015 年以后经历了一个缓慢下降的阶段,并于 2019 年前后略有上升,这符合低收入国家集中度较高,进入中高收入国家后会逐渐有所下降,并且在一段时间后保持相对稳定的判断。此外，就产权属性角度考虑，中国的银行业产权结构并未发生显著的变化，依旧是国有银行主导型的银行业结构特征。若将政策性银行也认定为国有属性银行范畴，那么中国银行业的国有主导特征则更加明显。

三是金融资产供给结构的研究，采用"债券发行额+股票筹资额+境外资产净购买"与"信贷规模+活期存款增量"的比值来测算金融资产供给结构（Supply_Str），测算结果表明银行类金融资产供给增量显著大于资本市场类金融资产供给增量，说明金融资产供给也呈现出"银行主导型"的结构特征，这恰好属于从银行体系与资本市场视角定义的"二元"金融结构的研究范畴，即中国金融资产供给呈现出"货币多、资本少"结构性特征。此外，借鉴 Caballero（2006、2008）提出的"资产短缺"假说，以及 Chen 和 Imam（2011、2012）对金融资产短缺的衡量方法，对中国金融资产短缺情况进行分析，发现大部分年份是存在金融资产供给短缺的，这与范从来教授研究团队（2012、2013）的结论一致；其中，2003 年、2007 年、2010 年、2020 年金融资产短缺指数（AS）取值接近于零值，几乎可以认为中国的金融资产的供给与需求达到了均衡状态，而 2009 年 AS 取值达到了-0.385 0 说明当年存在一定程度的金融资产供给过剩。

综合而言，经过多年发展中国金融结构总体呈现出市场化的演化趋势，但是依然具有较为显著的"双重主导型"的特征（孙俊，2014；戚晓耀和苏基溶，2011；Zhang 和 Wang，2013），一方面是虽然资本市场的规模和功能得到了前所未有的发展，但是银行业在整个金融体系中的主导地位依旧较为稳定，故而中国的金融体系依然属于银行主导型；另一方面虽然银行业股份制改革成效显著、大量中小型银行设立，但是国有银行仍在整个银行体系中占据主导地位，这是由中国的金融发展历程决定的。

第四章

4

金融结构演化视角下的金融资产供给问题分析

第3章采用规模指标、活力指标、效率指标对中国宏观金融结构市场化演化趋势进行了研究，就相对规模而言，银行业依然是中国金融体系最主要的构成部分，即银行主导型依然是中国的宏观金融结构的主要特征；而活力指标与效率指标均揭示得益于资本市场（主要为股票市场、债券市场）的发展，中国金融业的活跃程度、效率水平都得到了显著改善，宏观金融结构呈现出较为显著的市场化演化趋势。正是在这样的金融结构演化背景下，一方面呈现出“货币多、资本少”的金融资产供给现状，另一方面还存在着金融资产供给结构性短缺的问题，因此本章节将从宏观金融结构演化的视角，对中国金融资产的供给结构、供给短缺问题及其经济后果进行分析。

4.1 问题的提出

中国金融发展先后经历了金融体系恢复期、全面建设期、全面配套改革期和改革加速期，金融发展水平得到前所未有的提升，但相对于经济发展而言，金融发展仍然略显滞后，存在较为显著的金融资产供给短缺问题，并且呈现出“货币多、资本少”的金融供给特征（郭树清，2012；阎庆民，2019）。Caballero 认为新兴经济体在经济保持一段时间快速增长后，将会存在相当程度的金融资产短缺现象。国内学者范从来（2012、2013、2015）等证实了中国确实存在金融资产短缺问题，认为由于中国经济快速发展以及特殊的金融发展历程，从1994年以来中国金融资产供给短缺指数一直位于零值之上，尤其是2000年以后金融资产供给短缺状况更为明显。此外，杨胜刚和阳旸（2018）、张淦等（2017）也认为早期以银行机构为主的金融体系具有较为显著的政府管控特点，以及垄断问题的存在，形成的高储蓄与金融控制，使得居民部门、企业部门对金融资产的需求与金融体系在金融资产配置方面的低效、不充分、不平衡产生矛盾，因此20世纪90年代开始中国经济就进入了资产短缺阶段。

金融资产短缺内含了“金融供给”与“金融需求”的均衡关系，体现的是金融发展与经济发展之间的协调关系，强调金融发展不可过度深化，也不可过度抑制；当金融资产短缺存在时，说明金融发展滞后于经济发展，而这是新兴经济体普遍存在的现象。早在1966年Patrick提出的“需求跟随”与“供给引导”命题中，就内含了供需理论中的“协调”或“均衡”观念，侧重从供需均衡视角分析金融发展与经济发展之间的关系。Luintel和Khan(1999)、Rioja和Valev(2004)等认为既不可全盘接受“金融引致经济增长”的观点，也不可全盘接受“金融追随经济增长”的观点，金融与经济之间并不是简单线性关系，而是一种相互影响、动态适应的关系。范志芳和张立军(2003)、Prochniak和Wasiak(2017)等人也认为金融发展与经济发展之间的关系一直处于动态变化之中，虽然金融体系的市场化程度会与同期经济发展特点发生偏离，但是两者之间会自发或非自发地实施改进优化，渐进地实现均衡状态。以林毅夫等(2009)为代表的新结构经济学学者提出最优金融结构理论，将经济与金融协调发展作为金融结构优劣评判的前提，认为对一个国家或地区而言，通常存在与其经济发展水平、要素禀赋相匹配的最优金融结构，在该状态下金融体系所提供的金融资源、金融服务恰好能够满足经济发展需求，即金融需求与金融供给达到均衡状态。

那么，为什么在中国金融资产短缺长期存在的条件下，即“金融需求”与“金融供给”处于非均衡状态，中国经济依然保持较快的增长，金融资产供给与经济发展之间存在什么样的关系？为此，本书结合中国金融发展实践，尤其是宏观金融结构演化对金融资产供给与经济发展之间的关系进行研究，本章节主要研究内容如下：(1)对中国宏观金融结构演化趋势与“货币多、资本少”的金融资产供给现状的关系进行分析；(2)对金融资产供给短缺与经济增长之间的内在机理进行分析；(3)实证检验分析宏观金融结构市场化演化，以及金融资产供给、短缺与经济增长之间的关系。

4.2 金融结构演化与金融资产供给的关系

前文对中国宏观金融结构演化趋势,以及金融资产供给现状进行了分析,那么银行主导型的宏观金融结构与“货币多、资本少”的金融资产供给结构之间存在什么关系?

4.2.1 Granger 因果检验

图 4.1 为宏观金融结构演化:规模指标(Fin_SS)与金融资产供给结构指标(Supply_Str)的关系图,二者总体趋势相似,且相关系数值为 0.388 8,可以初步判断二者之间存在一定的相关性。此外,Fin_SS 要明显后滞后于 Supply_Str,尤其在“2003—2010 年”“2015 年以来”,为此下文采用 VRA 模型对二者的关系作进一步的分析,单位根检验显示 Fin_SS、Fin_SA、Supply_Str 均为平稳时间序列,Fin_SE 为非平稳时间序列。

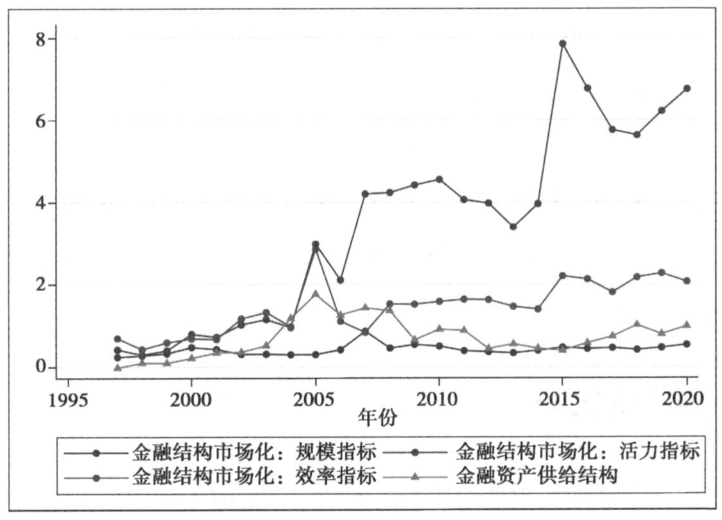

图 4.1 宏观金融结构与金融资产供给结构的关系

表 4.1　Fin_SS、Fin_SA、Fin_SE 与 Supply_Str 的 Granger 因果检验

Null Hypothesis：	F-Statistic	Prob.
Supply_Str does not Granger Cause Fin_SS	8.224 42	0.0032
Fin_SS does not Granger Cause Supply_Str	2.596 35	0.103 8
Supply_Str does not Granger Cause Fin_SA	0.484 97	0.624 0
Fin_SA does not Granger Cause Supply_Str	0.070 06	0.932 6
Supply_Str does not Granger Cause Fin_SE	2.752 99	0.092 1
Fin_SE does not Granger Cause Supply_Str	1.031 80	0.377 6

注：检验样本量为 24，滞后阶数 Lags 为 2。

宏观金融结构演化：规模指标（Fin_SS）与金融资产供给结构（Supply_Str）的 Granger 因果关系检验结果显示，Supply_Str 在 1% 显著性水平下拒绝原假设，说明金融资产供给结构具有显著的 Granger 影响，即金融资产供给结构的变化会引起宏观金融结构规模发生变化；Fin_SS 未能通过显著性检验，说明宏观金融结构不具有 Granger 影响。宏观金融结构演化：活力指标（Fin_SA）与金融资产供给结构（Supply_Str）的 Granger 因果关系检验结果显示，二者之间不存在显著的 Granger 影响，故本书不再对二者之间的关系进行分析。宏观金融结构市场化效率指标（Fin_SE）与金融资产供给结构（Supply_Str）的 Granger 因果关系检验结果显示，Supply_Str 在 1% 显著性水平下拒绝原假设，说明金融资产供给结构具有显著的 Granger 影响，即金融资产供给结构的变化会引起宏观金融结构的效率发生变化。

4.2.2　脉冲响应分析

从图 4.2 可以看出，当在本期给金融资产供给结构一个正冲击后，可以理解为股票、债券等金融资产的相对增加，在短期内会促使资本市场规模扩张，使得宏观金融结构市场化的演化趋势加强。然而在较长周期内，会对宏观金融结

构市场化演化趋势造成负面冲击，在第三期达到最大负面影响，随后冲击效应逐步减弱趋于零值，对此可能的解释是：一方面股票、债券等金融资产的增加会引致银行货币信贷规模在短期内迅速增加，从而抵消这种冲击效应；另一方面股票、债券等金融资产，尤其是股票，其价格波动幅度较大，易受股市周期波动的影响。

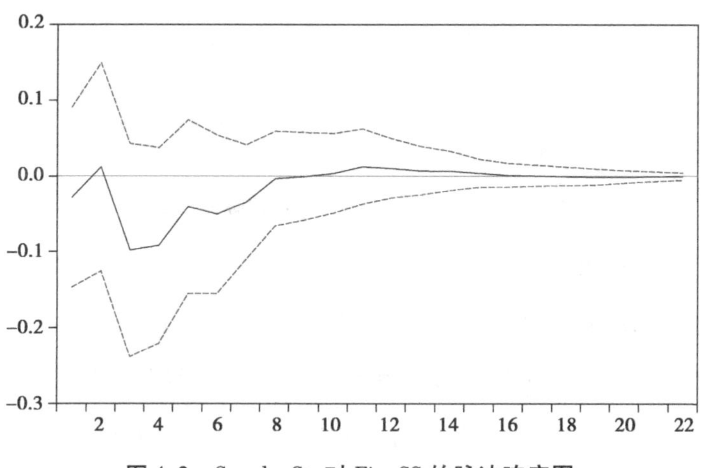

图 4.2　Supply_Str 对 Fin_SS 的脉冲响应图

同样从图 4.3 可以看出，当在本期给金融资产供给结构一个正冲击后，短期内股票、债券等金融资产的相对增加，会促使资本市场规模扩张，但是由于资本市场交易效率要明显高于银行信贷交易的效率，由此导致金融结构演化的市场化效率的数值下降，即出现脉冲响应图第二期出现瞬时负向影响。然而在较长周期内，一方面由于银行信贷交易完成使得银行营业费用率下降，另一方面股票、债券等金融资产的高效高频交易，最终会对宏观金融结构演化的市场化效率的提高形成促进作用，在第三至第六期实现最大正向影响，随后冲击效应逐步减弱趋于零值。这一判断与当前中国加快资本市场发展、完善直接融资功能，提高金融服务效率的金融发展实践是相吻合的。

综合而言，上述研究表明金融资产供给结构市场化演化，即相比较银行信贷规模，股票、债券类金融资产供给规模的相对扩大，会导致宏观金融结构发生相应的变化，这种影响效应在短期内会致使资本市场的相对规模的扩大，使得

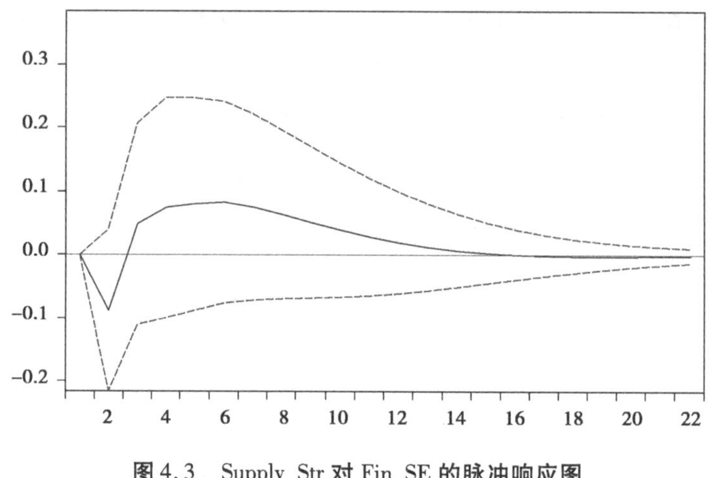

图 4.3　Supply_Str 对 Fin_SE 的脉冲响应图

宏观金融结构呈现出市场化演化趋势。然而就中长期而言，宏观金融结构的市场化水平会受到抑制，其根本原因在于中国银行主导型的金融体系，银行业稳固的主导地位对宏观金融结构的市场化演化起抑制作用；并且金融资产供给结构市场化演化趋势会提高股票、债券等资本市场的交易效率，长远而言会提高宏观金融结构市场化的效率水平。

4.3　金融资产供给与经济增长的内在机理

金融资产短缺作为研究金融资产供给与需求的一个视角，引起了国内外诸多学者的注意。Chen 和 Imam 认为新兴市场中出现的经济增长率下降、实际利率下降、普遍存在的资产泡沫，资本外流等正是资产短缺的重要表现。Frankel (2006)对 Caballero 用资产短缺解释全球经济失衡提出了质疑，不支持把失衡的经济现象解释为一种均衡结果，而试图越过经典理论的范畴。Ndikumana (2005)认为资产价格的快速上涨，并不是因为流动性过剩或者资产短缺导致的，而是因为以中国为代表的东南亚国家，利用其丰富而廉价的劳动力优势广泛参与国际分工，最终导致资产报酬大幅度增加，经济实现快速发展。范从来等人(2013、2015)、王凌云(2012)也认为世界各国在资源禀赋、发展阶段及国际分工方面存在差异,全球失衡是一种常态,金融资产短缺对经济增长的影响可能是有限的。基于此,可以发现学者们对从“资产短缺假说”角度解释经济增长问题存在异议,但是对于“资产短缺”假说的基本理论是较为认可的。

金融发展促进经济发展的本质是为经济发展提供所需的金融要素(包括金融资产、金融组织保障、金融制度保障等),而其中最为核心的为金融资产的供给,组织和制度保障是依托金融资产而存在的。回顾“资产短缺”假说的基本观点:当金融资产需求与供应相等时,金融市场就实现了均衡;而当金融资产供应不能满足需求时,则会出现金融资产的短缺;当金融资产需求小于供给时,则会出现金融资产的过剩。金融资产供给的“丰歉”情况、效率高低,直接决定了金融发展对经济增长促进作用的大小。3.4.3 节对中国金融资产供给问题进行了分析,认为 1997—2020 年普遍存在金融资产短缺问题,与此同时中国经济在样本期内实现了快速发展,虽然近 10 年以来经济增长速度有所放缓,但是增长质量却有了较大提升。那么,金融资产短缺普遍存在与经济持续发展并行不悖,二者之间有何种内在关联?下文将对此进行研究。

4.3.1　内在作用机理分析

假设所有企业的生产函数都服从 C-D 形式,即:

$$Y=A(L)^{\alpha}K^{1-\alpha} \tag{4.1}$$

其中,Y、A、L 和 K 分别表示实际产出、技术进步、劳动力使用量和资本使用量。α 表示劳动力产出弹性,则 $1-\alpha$ 表示资本产出弹性。对于经济体中的企业而言,它们对于生产资本的需求 K 更多是由其生产经营状况决定的,反映的是对金融资产的实际需求情况,即得到经济体对金融资产的需求满足 $S=K$ 的关系。

为避免变量标识产生混淆,设定金融资产短缺指数为 $\mathrm{AS}=\eta$,此处借鉴 Chen 和 Imam(2011、2012)提出的资产短缺指数,以及范从来对其做的修正,构建本书的资产短缺指数,即式(3.3),将其左右两边同时乘 S,可得:

$$S=\frac{F}{1-\eta} \tag{4.2}$$

将其代入 C-D 生产函数，可得反映金融资产供需关系的经济增长模型 $Y(F,\eta)$，基本表达式为：

$$Y(F,\eta)=A(L)^{\alpha}\left(\frac{F}{1-\eta}\right)^{1-\alpha},0\leqslant\alpha\leqslant1 \tag{4.3}$$

对于扩大金融资产供给 F 是否能够促进经济增长，需分析金融资产的边际产出情况：

$$\Phi(\eta)=\frac{\partial Y}{\partial F}=(1-\alpha)A(L)^{\alpha}\left(\frac{1}{F}\right)^{\alpha}(1-\eta)^{\alpha-1} \tag{4.4}$$

其中，$0<1-\alpha<1$，$A(L)^{\alpha}\geqslant0$，$\left(\frac{1}{F}\right)^{\alpha}\geqslant0$ 恒成立。此外，由于金融资产短缺指数必须满足 $-\infty<\eta<1$ 的条件，故 $(1-\eta)^{\alpha-1}>0$ 恒成立，进而可得 $\Phi(\eta)>0$，说明金融资产供给增加能够促进经济增长，即金融资产供给规模的扩大能够促进经济发展，这一结论已经得到国内外学者们的广泛认可，下文也将对此进行检验。

从公式(4.4)可知，经济增长水平的提升除了与金融资产供给量有关，还取决于金融资产短缺指数 η 的大小。假定在一定时间内，金融资产需求 S 保持不变，将式(4.2)代入式(4.4)，可得：

$$\Phi(\eta)=(1-\alpha)A(L)^{\alpha}\left(\frac{1}{S}\right)^{\alpha}\left(\frac{1}{1-\eta}\right)=N\times R(\eta) \tag{4.5}$$

令 $N=(1-\alpha)A(L)^{\alpha}\left(\frac{1}{S}\right)^{\alpha}$，且 $N>0$ 恒成立，设定金融资产供需乘数效用为

$$R(\eta)=\frac{1}{1-\eta} \tag{4.6}$$

可以推断增加金融资产供给除了可实现 N 倍的经济增长，还可以获得 $R(\eta)$ 的乘数效应，$R(\eta)$ 函数图像如图 4.4 所示。

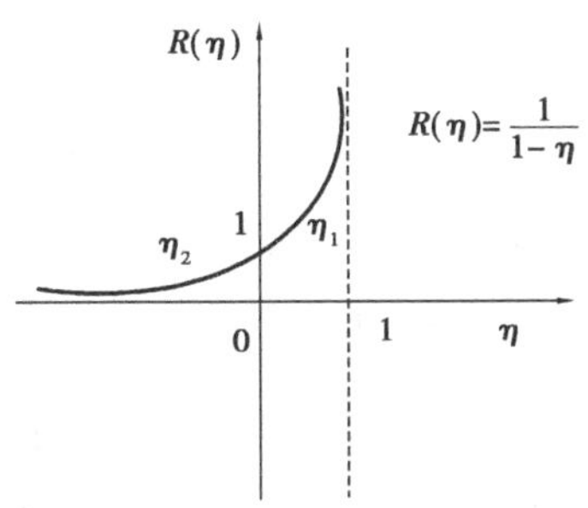

图 4.4　金融资产供需乘数效用 $R(\eta)$ 的函数示意图

易知 $R(\eta)$ 为倒数函数，在 $-\infty<\eta<1$ 区间内单调递增，但是资产短缺指数 η 在不同的区间内，$R(\eta)$ 值域范围有较大差异，当 $\eta\in(0,1)$，$R(\eta)\in(1,+\infty)$；而 $\eta\in(-\infty,0)$，$R(\eta)\in(0,1)$。

由图 4.4 可知，金融资产供需乘数效用 $R(\eta)$ 在不同金融资产供需状态下存在较大差异。当经济体保持在金融资产供给短缺状态（$0<\eta<1$）时，增加金融资产供给会促进经济增长，此外由于金融资产供需乘数效用大小为 $R(\eta)>1$，可使经济增长的速度加快，获得一定程度的加速增长。同理，当经济体保持在金融资产供给过剩状态（$-\infty<\eta<0$）时，减少金融资产供给会降低经济增长速度，但由于此时金融资产供需乘数效用大小为 $0<R(\eta)<1$，经济增长速度减缓。

金融资产与实物资产之间转换速率的差异性是导致效用函数 $R(\eta)$ 取值差异存在的原因。当金融资产短缺（$0<\eta<1$）时，若要实现经济增长，可增加金融资产供给，这是金融资产向实物资产转换的过程。一般而言，金融资产通常经由产业资本等方式形成企业或产业的固定资产投资，这一过程相对容易，故而其乘数效应 $R(\eta)>1$，因此在发生经济危机或经济萧条时，实施宽松的货币政策可扩大金融资产供给，对于经济增长具有强刺激作用，更易实现经济的快速复苏。而当金融资产供给过剩（$-\infty<\eta<0$）时，此时需要缩减金融资产供给，是实物资产向金融资产转换的过程，而固定资产变现、产能退出或产品出清往往要比固定资产形成过程难得多，且速度也相对较慢，故而其乘数效应 $0<R(\eta)<1$，因此当经济发展过热时，紧缩性的货币或金融政策往往不及以去产能为核心的产业或财政政策有效（余维彬，2011；刘志彪，2015；张淦等，2015；Giannetti 和

Xu,2015)。

上述分析过程能够揭示金融资产供需均衡的实现过程,即达到 $\eta=0$ 状态,此时金融资产供需乘数效用 $R(\eta)=1$。首先当 $0<\eta<1$ 时,会引发增加金融资产供给的预期,决策部门常常会增加金融资产供给以使金融资产短缺情况逐步缓解,可得 η 逐渐趋向于0值,此时 $R(\eta)$ 也将逐渐趋向于1,实现了金融资产供给与需求的相互均衡。同理,当 $-\infty<\eta<0$ 时,此时金融资产供给过剩,会引发减少金融资产供给的预期,决策部门常常会减少金融资产供给以使金融资产过剩规模逐渐缩小,η 同样也逐渐趋向于0值、$R(\eta)$ 趋于1,即实现了金融资产供需均衡,由式(4.5)、式(4.6)可以发现,当金融市场实现供给均衡时,金融发展对经济发展的促进效应将趋于稳定,可实现 N 倍增长。换言之,不论金融资产处于短缺还是过剩的状态,决策部门均会采取相机决策机制,增加或减少金融资产供给,最终都会向均衡状态改进,这一结论与范志芳和张立军(2003)、王定祥和李伶俐等(2009)的观点一致。

4.3.2 考虑不同类别的金融资产

1)银行信贷供给分析

我国金融体制改革以及资本市场的快速发展,信贷规模虽然不适合继续作为货币政策中介目标,但是该指标对于观察宏观经济的运行,尤其是银行体系运行仍然是有用的。在金融实践中,银行体系在整个金融体系中仍然发挥主导作用,人民币贷款规模仍占比很高,故而将信贷规模作为银行业运行的监控指标仍然具有较强的实践意义,这也充分体现了我国银行主导型的金融结构特征(彭俞超,2015;Hu 和 Zhang,2019)。

中央银行对信贷规模贷款实行“限额管理,以存定贷”,并实行季度监控,贷款最高限额按季度核批等制度,分别由中央银行和专业银行进行监控,因此信贷限额直接决定了我国银行体系中的信贷规模。此外,央行在信贷规模调控中,逐步由数量型调控向价格型调控转型,即除了信贷限额,中央银行对信贷规模的调控手段还包括利率管制。自 2013 年 7 月起,伴随着利率市场化改革的推进,央行决定全面放开金融机构贷款利率管制,以及后期逐步上调存款利率浮动区间。这意味着以往基于贷款基准利率的利率管制,将减弱对商业银行的信贷规模的限制。以中央银行基准利率为基础,商业银行在充分考量自身资金状况,以及对金融市场利率水平的预期的情况下,对利率水平实现有限度的自主调节,最终形成一个兼顾基准利率与金融市场供求关系的市场利率体系。

将“信贷限额”与“实际利率”作为银行信贷供给的主要考察变量,并设定信贷限额为 p,通常表示国家信贷政策的松紧状态;而实际利率 r 表示信贷资金的使用成本,设立如下函数:

$$C=f(p,r) \tag{4.7}$$

且存在

$$\frac{\partial C}{\partial p}=f_1'(p,r)>0 \tag{4.8}$$

$$\frac{\partial C}{\partial r}=f_2'(p,r)<0 \tag{4.9}$$

其中,$f_1'(p,r)>0$ 表示中央银行若提高信贷限额,实施宽松的货币政策,人民币信贷规模也会随之增长,并发挥商业银行货币创造以及投资乘数效应,最终对经济增长起到促进作用,反之紧缩性的货币政策能够为高涨的经济降温。$f_2'(p,r)<0$ 表示,利率水平越高,越会提高资金使用成本,抑制投资规模,从而对于经济发展形成抑制作用。

2)股票市场金融资产供给

在金融实践中,由于受资本市场发展水平和融资约束的限制,融资主体在筹集资金时会遇到各种融资摩擦,其中一类是企业融资时承担的融资成本,包括交易成本、信息成本以及代理成本等。另外一类源于资本市场不完美,政策因素带来的融资约束,如证券发行审核制度、股权分置等。MM 理论假定资本市场完美,资本市场能够提供丰富的金融产品,且能够供应及时,融资主体可以自由选择融资方式,而现实资本市场条件并不是完美的。Tan(2015)认为资本市场完美是一种理想的资本市场条件,金融产品的供给受提供资本的个人和机构投资者的偏好影响,即存在“供给方效应”。关于资本市场“供给方效应”的研究,正好与本书所提的金融资产短缺的供给方相契合。对于资本市场“供给方效应”如何影响企业融资选择,主要有两个研究方向:市场时机与股权融资管制。对于“市场时机”假说,属于行为公司金融研究领域范畴,随着股票市场价格的变化,企业存在最佳融资时机或融资机会窗口,即在股市行情较好时,IPO或增发更易实施,反之亦然。此外,对于中国这样的新兴资本市场,由于资本市场起步晚、金融工具品种少、政府管制多,我国境内企业面临一定程度股票市场的供给约束,即股权融资管制(王正位 等,2011)。

将“市场时机”与“股权融资管制”作为股票市场金融资产供给方的主要考察变量,并设定市场时机为 φ,股权融资管制为 γ,股票市场金融资源函数如下:

$$E=f(\varphi,\gamma) \tag{4.10}$$

且存在

$$\frac{\partial E}{\partial \varphi}=f'_1(\varphi,\gamma)>0 \tag{4.11}$$

$$\frac{\partial E}{\partial \gamma}=f'_2(\varphi,\gamma)<0 \tag{4.12}$$

其中,$f'_1(\varphi,\gamma)>0$,表示市场时机较好时,股票市场能够为更多的公司提供IPO或再融资,相应地,会使 E 值增大,这也解释了为什么在股市行情转暖或高涨时,新股发行速度会有所加快。$f'_2(\varphi,\gamma)<0$,表示如果实施较强的股权融资管制,股票市场能够提供的股票资产规模将会缩小,如在当下经济转型、产业升级为背景的新常态下,政府会对产能过剩行业、高能耗高污染行业的公司实施融资管制,限制其进行IPO或再融资。

3)债券市场金融资产供给

中国债券市场主要由国债、金融债、企业债、公司债等几个部分构成。其中,金融债作为金融机构间债券市场,并非属于直接融资方式,故而不在本书的研究范围之内。由于其发行主体、审核主管部门的不同,企业债与公司债有所区别,我国公司债直至 2007 年才开始试点发行,其规模远远小于企业债。因此,从融资方式、发行规模角度考虑,我国债券市场主要包括国债和企业债两种类型,也与金融统计年鉴中计量口径保持一致。经过多年发展,中国债券市场在宏观调控、降低社会融资成本、结构调整以及金融改革等方面发挥了重要作用。但是在国外成熟先进的直接融资资本市场中,债券市场的规模是明显高于信贷市场和股票市场的,也就是说债券融资是其最主要的直接融资方式,而我国债券融资市场明显落后于信贷市场和股票市场。如不考虑国债融资规模,企业债表现出规模偏小、发展不足等特征,企业债券融资市场明显落后于股票市场,长期而言将不利于整体金融市场的发展。

那么,究竟是什么导致了我国债券市场规模较小、发展不足?研究主要从两个方面展开,一是从制度层面进行的描述性和规范性分析,与股票市场发展类似,我国债券市场发展同样存在较强政治因素的影响,尤其国债发行与国家财政收支政策紧密相关,以及国有企业作为企业债的发行主体。简言之,我国债券市场是以政府主导的直接融资方式,政府发债意愿直接决定债券规模大小;二是分析我国债券市场发行规模与宏观经济变量、其他融资行为(如股票发行、银行贷款)、国债发行、固定投资、居民储蓄以及国外投资之间的关系(邹晓梅 等,2014;Chang 和 Jia,2010)。

基于上述分析,将"政府发债意愿"与"经济增长"作为债券市场金融资产供给方的主要考察变量,并设定政府发债意愿为 φ,经济增长为 g,设立如下函数表达式:

$$B=f(\varphi,g) \tag{4.13}$$

且存在

$$\frac{\partial B}{\partial \varphi}=f_1'(\varphi,g)>0 \tag{4.14}$$

$$\frac{\partial B}{\partial g}=f_2'(\varphi,g)>0 \tag{4.15}$$

其中，$f_1'(\varphi,g)>0$，表示政府发债意愿较强时，债券市场规模会有所扩大。政府发债意愿的增强，可能是为了实施财政赤字政策，而倾向于发行更多的国债，也有可能是因为实施重大发展规划、重大项目，抑或是如2008年应对国际金融危机而增发债券等，由此使得更多的企业债得以发行。$f_2'(\varphi,g)>0$，表示经济增长较快发展时，政府或国有企业也愿意发行更多的债券，为投资建设筹集更多的资金，这也在一定程度上说明了伴随着我国近20年的经济快速发展，债券市场规模取得了较快的发展的事实。

此处仅考察银行信贷、股票、债券，将式(4.7)、式(4.10)、式(4.13)代入公式(3.3)中，可得：

$$\eta=AS=1-\frac{C+B+E}{S}=1-\frac{f(p,r)+f(\varphi,\gamma)+f(\varphi,g)}{S} \tag{4.16}$$

金融资产的供给视角认为，金融体系的资产供给决定产业资本的使用量，即$K=f(p,r)+f(\varphi,\gamma)+f(\varphi,g)$，$f(p,r)$代表来源于银行信贷的投入资本，$f(\varphi,\gamma)+f(\varphi,g)$代表来源于资本市场的投入资本，由债券资产和股票资产构成。

然而，对于经济体中的产业或企业而言，它们对于生产资本的需求更多是由其生产经营状况决定的，结合资产短缺假说理论，金融资产在需求与供给之间存在一定的不平衡，故而结合上述公式，可以得到经济体对金融资产的需求情况。对式(4.16)左右同时乘S，进一步变换可得：

$$S=\frac{f(p,r)+f(\varphi,\gamma)+f(\varphi,g)}{1-\eta} \tag{4.17}$$

根据前文设定经济体对金融资产的需求满足$S=K$的关系，由式(4.17)可以得到，金融资产短缺指数η与实际产出Y呈现负相关关系，如下：

$$Y=A(L)^{\alpha}\left(\frac{f(p,r)+f(\varphi,\gamma)+f(\varphi,g)}{1-\eta}\right)^{1-\alpha},0\leqslant\alpha\leqslant1 \tag{4.18}$$

对于式(4.18)的理解，可以认为当经济体系中金融资产短缺越小时，实际产出越大,而金融资产短缺指数的大小与金融体系能够提供的资产总量和金融结构有关。

基于上述分析,对上式中的 p、r、φ、γ、φ、g 分别求偏导,得如下:

$$\frac{\partial Y}{\partial p}=(1-\alpha)A(L)^{\alpha}\left(\frac{1-\eta}{f(p,r)+f(\varphi,\gamma)+f(\varphi,g)}\right)^{\alpha}f_1'(p,r)\left(\frac{1}{1-\eta}\right) \quad (4.19)$$

又因

$$0<1-\alpha<1$$

$$(AL)^{\alpha}\geqslant 0$$

$$\left(\frac{1-\eta}{f(p,r)+f(\varphi,\gamma)+f(\varphi,g)}\right)^{\alpha}\geqslant 0$$

为便于计算,设定:

$$(1-\alpha)A(L)^{\alpha}\left(\frac{1-\eta}{f(p,r)+f(\varphi,\gamma)+f(\varphi,g)}\right)^{\alpha}=N>0 \quad (4.20)$$

再设定 $R(\eta)=1/1-\eta$;$\eta<1$,$R'(\eta)>0$,该函数在$-\infty<\eta<1$ 上单调递增。

此外,在 $0<\eta<1$ 区间,$R(\eta)$增速较快,取值为 $1\leqslant R(\eta)<+\infty$;而在$-\infty<\eta<0$,$R(\eta)$增速较慢,取值为 $0<R(\eta)\leqslant 1$。于是,有:

$$\frac{\partial Y}{\partial p}=\mathrm{NR}(\eta)f_1'(p,r);\frac{\partial Y}{\partial r}=\mathrm{NR}(\eta)f_2'(p,r) \quad (4.21)$$

$$\frac{\partial Y}{\partial \varphi}=\mathrm{NR}(\eta)f_1'(\varphi,\gamma);\frac{\partial Y}{\partial \gamma}=\mathrm{NR}(\eta)f_2'(\varphi,\gamma) \quad (4.22)$$

$$\frac{\partial Y}{\partial \varphi}=\mathrm{NR}(\eta)f_1'(\varphi,g);\frac{\partial Y}{\partial g}=\mathrm{NR}(\eta)f_2'(\varphi,g) \quad (4.23)$$

以银行信贷供给为例,对于“信贷限额 p”,由于$f_1'(p,r)\geqslant 0$,中央银行若提高信贷限额或实施降准等政策增加人民币信贷规模,进而增加金融资产供给,最终能够促进经济增长。但资产短缺指数 η 在不同的区间内,$R(\eta)$增速有较大差异,须分而述之。当 $0<\eta<1$ 时,随着信贷规模增加,金融资产供给的增加,金融资产短缺指数 η 逐步缩小,$R(\eta)$的增速效应也逐渐减小并趋于数值 1,直至调整至 $\eta=0$,实现金融资产供需均衡状态。当$-\infty<\eta<0$ 时,通过发挥 $R(\eta)$

的减速效应，为避免经济过快的倒退，央行可以采取小规模、多频次的手段，对信贷规模进行微调，减少金融资产的供给以缓解金融资产过剩问题，最终也趋于数值 1，直至调整至 $\eta=0$，实现金融资产供需均衡状态。

对于 r、φ、γ、φ、g 的分析，与“信贷限额 p”类似，在此不展开论述。综合而言，当经济体中存在一定程度的金融资产短缺时，增加金融资产供给时能够发挥增速效应，从而能够较快地促进增长；当经济体中存在一定程度的金融资产过剩时，说明经济发展过热，存在通货膨胀风险，因此可通过减少金融资产供给实现经济降温。另外，由于金融资产短缺效应的存在，能够自发地发挥增速或减速效应，实现经济体中金融资源供给与需求逐步达到动态均衡状况。

4.4 实证研究设计

实证检验主要分析两个方面的内容：一是分析宏观金融结构、金融资产供给结构演化与经济增长之间的关系；二是分析金融资产供给变化，以及金融资产供给短缺与经济增长之间的关系。

4.4.1 样本选择与数据来源

本章节以中国金融发展与宏观经济发展的数据作为样本源，鉴于数据的可得性，样本的时间周期为 1997—2020 年共计 24 年，数据主要来源于《中国统计年鉴》、中国经济金融研究数据库 CSMAR、中国债券信息网、《中国金融统计年鉴》、上海证券交易所网站、深圳证券交易所网站、中经网产业数据库、《中国科技统计年鉴》等，数据真实可靠。

4.4.2 变量测度与定义

1）解释变量与被解释变量

经济增长（LnGDP），取 GDP 的自然对数，一方面是因为 GDP 的数值较大，取对数后可更易于数值分析,更具有经济学意义,另一方面也能缓解共线性问题。

宏观金融结构演化,基于 3.2.2 节该变量通过三个指标进行衡量,分别为规模指标(Fin_SS)、活力指标(Fin_SA)、效率指标(Fin_SE)。规模指标(Fin_SS)是从资本市场与银行机构的相对规模角度来考察金融结构市场化演化情况,该指标越大表明金融结构越趋于市场主导;活力指标(Fin_SA)反映了资本市场与银行机构的相对活动程度,指标取值越大,表明金融结构越趋于市场主导;效率指标(Fin_SE)衡量资本市场与银行机构的相对效率水平,指标取值越大,同样表明金融结构越趋于市场主导。

金融资产供给结构(Supply_Str),基于 3.4.2 节拟采用"债券发行额+股票筹资额+境外资产净购买"与"信贷规模+活期存款增量"的比值加以衡量,前者用于衡量资本市场在一个年度内金融资产(主要为债券、股票、境外投资净额)的增加量,后者用于衡量银行机构在一个年度的金融资产(主要为信贷、活期存款)增加量,故金融资产供给结构实际衡量的是资本市场与银行机构的金融资产供给增加的相对规模,比值越大说明市场化趋势越明显。

金融资产短缺指数(AS),基于 3.4.1 节式(3.3),该变量衡量的是一个样本周期内金融资产供给与金融资产需求的相对均衡情况,AS 取值范围为$[-\infty, 1]$,若指数 $AS=0$,说明金融资产供给与需求实现均衡;当 $0<AS<1$ 时,说明金融资产供给存在一定程度的不足;当$-\infty<AS<0$ 时,说明金融资产供给存在一定程度的过剩。

2)控制变量

政府财政支出占比(Expense_R),财政支出的增加会直接增加金融资产需求,而财政支出可能来源于政府的债券发行。此外,当财政支出用于生产要素优化配置方面,则会对经济起促进作用,而当把财政支出用于非生产性的行政管理事务与活动上,则有可能会对经济发展造成不利(杨子荣和张鹏杨,2018),因此政府财政支出既会影响金融资产供给又会影响经济发展,故将其作为控制变量。

固定资产投资占比(Invest_R),该指标以固定资产投资与 GDP 的比值计算而得,大量研究表明固定资产投资能够促进经济增长(Beck,2004;李建,2005)。该变量与财政支出类似,既会影响金融资产供给又会影响经济发展,因此也将其作为控制变量。

进出口贸易总额占比(Trade_R),一直以来国际贸易是中国经济发展的三驾马车之一,使得中国企业能够切入国际产业链参与世界竞争,长期的贸易逆差一方面是促进了中国经济的发展,同样也带来负面影响,如产业价值链低端锁定、自然资源消耗、资源环境污染等问题(范德胜,2006)。

技术水平(Tech),该指标主要考察技术进步对经济增长的促进作用,常见考察指标有专利申请授权数量、科研人员数量、*R* 和 *D* 经费支出等,本书参考钱水土(2011)、刘贯春和张成思(2015)的研究,以 *R* 和 *D* 经费支出/GDP 的比值作为技术水平的考察指标。

表 4.2 变量定义表

变量	符号		定义	
被解释变量	经济增长		LnGDP	GDP 的自然对数
解释变量	金融结构演化	规模	Fin_SS	资本市场总市值/银行机构资产总规模
		活力	Fin_SA	资本市场交易总额/银行信贷规模
		效率	Fin_SE	资本市场交易总额比率×银行营业费用比例
	金融资产供给	银行信贷	LnC	金融机构贷款增量的自然对数
		股票筹资额	LnE	股票筹资额的自然对数
		债券发行额	LnB	债券发行额的自然对数
		短期存款变化量	LnΔS. D.	短期存款变化量的自然对数
		境外资产净购买	LnNPFA	境外资产净购买的自然对数
金融资产短缺指数			AS	式(3.3)

续表

变量	符号	定义	
控制变量	政府财政支出占比	Expense_R	政府财政支出/GDP
	固定资产投资占比	Invest_R	固定资产投资/GDP
	进出口贸易总额占比	Trade_R	进出口贸易总额/GDP
技术水平		Tech	R&D 经费支出/GDP

4.4.3 基本模型设定

在前文理论研究的基础之上构建以下简约型的计量模型：

$$\mathrm{Ln}(Y_t)=c+\alpha X_t+\beta Z_t+\varepsilon_t \tag{4.24}$$

其中，t 表示年份，X 表示前文定义的解释变量，包含宏观金融结构市场化的三个考察指标：规模水平（Fin_SS）、活力水平（Fin_SA）、效率水平（Fin_SE），金融资产供给结构（Supply_Str），以及金融资产供给的各组成部分及其变异指标：银行信贷（LnC）、股票筹资额（LnE）、债券发行额（LnB）、短期存款变化量（LnΔS. D.）、境外资产净购买（LnNPFA），以及金融资产短缺指数（AS）。Z 表示控制变量：政府财政支出占比（Expense_R）、进出口贸易总额占比（Trade_R）、固定资产投资占比（Invest_R）、技术水平（Tech），ε 表示随机误差项。

4.4.4 描述性统计

表4.3 报告了主要变量的描述性统计结果，样本统计周期为1997—2020 年共计24 个观测年度。LnGDP 均值为5.482 129，最小值为4.901 54，最大值为6.006 888。金融结构市场化变量的三个考察指标：规模水平、活力水平、效率水平的最大值与最小值分别为（0.246 456，0.302 12，0.434 674；0.873 645，7.843 211，2.862 291），除了规模水平指标外，活力水平与效率水平的最大值与最小值的差距较大，说明金融结构市场化的活力与效率水平实现了较大的提升。金融资产

供给结构指标(Supply_Str),均值为0.716 253 3,最小值为-0.010 157,最大值为1.764 834。取对数后的银行信贷(LnC)、股票筹资额(LnE)、债券发行额(LnB)、短期存款变化量(LnΔS. D.)、境外资产净购买(LnNPFA)的最小值与最大值分别为(3.751 03、2.925 064、3.319 027、3.714 099、3.491 474;5.292 984、4.307 44、5.339 938、4.861 703、4.905 885),其中境外资产净购买(LnNPFA)存在负值,为便于转为自然对数,加上固定数值50 000 转为正值。金融资产短缺指数(AS)的均值为0.211 541,最小值为-0.385 03,最大值为0.605 729。政府财政支出占比(Expense_R)的最小值0.115 832,最大值0.255 318,实现翻倍增长。进出口贸易总额占比(Trade_R)最小值为0.315 154,最大值为0.642 434,也实现翻倍增长,固定资产投资占比(Invest_FA)最小值为0.235 73,最大值为0.800 731,实现近四倍的增长。技术水平(Tech)的均值为0.015 349,最小值为0.006 045,最大值为0.024 009,也实现近四倍的增长。

表4.3 主要变量的描述性统计

Variable	Obs	Mean	Std. Dev.	Min	Max
LnGDP	24	5.482 129	0.379 619	4.901 54	6.006 888
Fin_SS	24	0.426 243	0.127 276	0.246 456	0.873 645
Fin_SA	24	3.444 75	2.330 981	0.302 12	7.843 211
Fin_SE	24	1.454 238	0.630 463	0.434 674	2.862 291
Supply_Str	24	0.716 253 3	0.462 306 4	-0.010 157	1.764 834
LnC	24	4.643 315	0.467 779	3.751 03	5.292 984
LnE	24	3.627 398	0.456 93	2.925 064	4.307 44
LnB	24	4.582 011	0.583 148	3.319 027	5.339 938
LnΔS. D.	24	4.606 568	0.246 429	3.714 099	4.861 703
LnNPFA	24	4.165 231	0.395 811	3.491 474	4.905 885
AS	24	0.211 541	0.244 752	-0.385 03	0.605 729
Expense_R	24	0.201 733	0.040 633	0.115 832	0.255 318
Trade_R	24	0.434 156	0.108 598	0.315 154	0.642 434

续表

Variable	Obs	Mean	Std. Dev.	Min	Max
Invest	24	0.498 673	0.201 31	0.235 73	0.800 731
Tech	24	0.015 349	0.005 505	0.006 045	0.024 009

4.5 实证结果分析

4.5.1 金融结构演化与经济增长的实证分析

结合本节的研究目的以及基本模型(4.24),设定如下实证检验模型:

$$\mathrm{LnGDP}_t = c+\alpha_1 \mathrm{Fin\_SS}_t+\alpha_2 \mathrm{Fin\_SA}_t+\alpha_3 \mathrm{Fin\_SE}_t+\alpha_4 \mathrm{Supply\_Str}_t+\beta_1 \mathrm{Expense\_R}_t+ \beta_2 \mathrm{Trade\_R}_t+\beta_3 \mathrm{Invest\_R}_t+\beta_4 \mathrm{Tech}_t+\varepsilon_t) \tag{4.25}$$

其中,t 表示年份,本实证模型是为了检验金融资产存量结构与经济增长的关系,故被解释变量宜采用 GDP 的自然对数形式表示,解释变量包含宏观金融结构市场化的三个考察指标:规模指标(Fin_SS)、活力指标(Fin_SA)、效率指标(Fin_SE),金融资产供给结构(Supply_Str);控制变量包含政府财政支出占比(Expense_R)、进出口贸易总额占比(Trade_R)、固定资产投资占比(Invest_R)、技术水平(Tech),ε 表示随机误差项。

表 4.4 报告了金融资产结构市场化与经济增长的检验结果,调整后的 R^2 达到了 0.990 以上,说明模型拟合效果较好。具体而言,宏观金融结构市场化的规模指标(Fin_SS)、活力指标(Fin_SA)分别在 1%、5% 的置信水平上通过假设检验,而效率指标(Fin_SE)未能通过检验,且相关系数均为正值,表明中国资本市场(股票市场、债券市场等)经过多年发展,其宏观金融结构市场化的规模水平、活力水平的提升均会促进经济实现正向发展,但是规模水平的提升作用更大,这与绝大多数学者的研究结论是一致的,即金融市场化改革会释放经济

发展潜力，促进经济增长，且规模扩大效应更高(Morck et al. ,2008;Prochniak 和 Wasiak,2017)。此外，金融资产供给结构市场化水平(Supply_Str)的提升在5%的置信水平上通过假设检验，说明相较于银行信贷规模的扩大，股票、债券融资规模的相对上升会对经济发展产生促进作用，这一观点也得到了学者们的认可(范从来,2012、2013、2015;Prochniak 和 Wasiak,2017)。

表4.4 金融资产结构市场化与经济增长的回归结果

解释变量	LnGDP			
Fin_SS	0.142*** (4.020)			
Fin_SA		0.019** (2.130)		
Fin_SE			-0.007 (-0.310)	
Supply_Str				0.083** (1.620)
Expense_R	-2.657*** (-4.650)	-2.599 (-3.460)	-2.541*** (-3.790)	-1.780*** (-3.060)
Trade_R	-0.109 (-1.450)	-0.052 (-0.610)	-0.066 (-0.680)	-0.058 (-6.890)
Invest_R	0.344*** (3.420)	0.284*** (2.910)	0.306*** (2.890)	0.379*** (3.920)
Tech	74.671*** (11.650)	70.109*** (8.630)	77.055*** (11.300)	65.270*** (8.120)
常数项	4.687*** (70.740)	4.745*** (63.490)	4.698*** (69.000)	4.746*** (65.510)
Obs	24	24	24	24
Adj. R^2	0.992	0.992	0.990	0.992

注:①括号内报告的是 t 统计量 t 值;

② ***, **, * 分别表示在1%、5%、10%显著性水平上拒绝原假设。

4.5.2 金融资产供给与经济增长的实证分析

结合基本模型(4.24),以及4.3.1节检验式(4.4)所表达的增加金融资产供给能够促进经济发展的关系,设定如下模型对上述两点进行实证检验:

$$\text{Ln}(\text{GDP}_t)=c+\alpha_1\text{Ln}C_t+\alpha_2\text{Ln}E_t+\alpha_3\text{Ln}B_t+\alpha_4\text{Ln}\Delta\text{S.D.}_t+\alpha_5\text{LnNPFA}_t+\alpha_6\text{AS}_t+\beta_1\text{Expense\_R}_t+\beta_2\text{Trade\_R}_t+\beta_3\text{Invest\_R}_t+\beta_4\text{Tech}_t+\varepsilon_t \quad (4.26)$$

其中,t 表示年份,本实证模型是为了检验金融资产增量与经济增长的关系,故被解释变量宜采用GDP的自然对数形式表示,解释变量包含金融资产供给量(LnAsset_Sup),及其五个细分类别:银行信贷(LnC)、股票筹资额(LnE)、债券发行额(LnB)、短期存款变化量(LnΔS.D.)、境外资产净购买(LnNPFA),以及金融资产短缺指数(AS);控制变量包含政府财政支出占比(Expense_R)、进出口贸易总额占比(Trade_R)、固定资产投资占比(Invest_R)、技术水平(Tech),ε 表示随机误差项。

表4.5报告了金融资产供给变化与经济增长的检验结果,调整后的 R^2 达到了0.990以上,说明模型拟合效果较好。具体而言,银行信贷(LnC)股票筹资额(LnE)、债券发行额(LnB)分别在1%、5%、1%的置信水平上通过假设检验,且相关系数均为正值,说明银行信贷资产、股票资产、债券资产的增加会促进经济增长,这与金融发展实践是相吻合的然而,短期存款变化量(LnΔS.D.)、境外资产净购买(LnNPFA)这两类金融资产未通过假设检验,说明这两类资金融资供给量的增加并不会显著性地促进经济增长。综合而言,本书认为增加金融资产供给能够促进经济发展。此外,实证分析还对金融资产短缺指数(AS)对经济发展的关系进行了检验,金融资产短缺与经济发展之间不存在显著的相关关系,虽然中国经济快速发展与金融资产短缺同时存在,但是短缺并不必然会阻碍经济发展。

此外,各类金融资产供给对经济增长的作用存在差异,其促进作用大小排序为债券资产>信贷资产>股票资产,对此可能的解释是:由于筹资周期、筹资成本的不同,各类金融资产转为实物资本的速率存在差异(Reuten,2002)。就股票 IPO 而言,通常从提交 IPO 申请到成功上市需要 1 ~2 年之久,再有从筹资成功到形成企业实物资本通常也需要较长时间;而对于银行信贷而言,可以在短时间内形成实物资本,并且互联网金融、科技金融的发展加速了这一过程(Hu et al. 2019)。因此,由于各类金融资产对于经济增长的促进效应存在差异,所以应根据经济增长目标有针对性地选择金融资产的供给类型(Bekaert et al., 2005;Salas 2018)。

表 4.5 金融资产供给变化与经济增长的回归结果

解释变量	LnGDP						
LnAsset_Sup	0.120** (2.160)						
LnC		0.104*** (1.920)					
LnE			0.072** (2.380)				
LnB				0.129*** (3.290)			
LnΔS.D.					−0.022 (−0.620)		
LnNPFA						0.020 (0.560)	
AS							−0.003 (−0.100)
Expense_R	−2.367*** (−3.060)	−2.285** (−2.630)	−2.216*** (−3.120)	−2.348*** (−3.840)	−2.384*** (−3.290)	−2.421*** (−3.180)	0.313*** (3.000)
Trade_R	−0.162** (−1.860)	−0.053 (−0.610)	−0.078 (−0.910)	−0.268*** (−3.190)	−0.063 (−0.640)	−0.082 (−0.800)	−0.074 (−0.69)
Invest_R	0.305*** (3.190)	0.270** (2.530)	0.257** (2.510)	0.322*** (3.720)	0.310*** (2.970)	0.329 (2.630)	−2.580*** (−3.59)

续表

解释变量	LnGDP						
Tech	64.773*** (7.250)	67.340*** (8.040)	70.354*** (10.180)	61.225*** (7.670)	76.276*** (12.980)	75.030** (10.200)	76.400*** (11.93)
常数项	4.284*** (19.500)	4.314*** (18.830)	4.495*** (36.640)	4.379*** (35.620)	4.754*** (44.290)	4.596*** (22.700)	4.707*** (53.60)
Obs	24	24	24	24	24	24	24
Adj. R^2	0.990	0.991	0.991	0.993	0.990	0.990	0.990

注:①括号内报告的是统计量 t 值;

② ***, **, * 分别表示在 1%、5%、10% 显著性水平上拒绝原假设。

4.5.3 金融资产短缺与金融资产供给的实证分析

为检验金融资产短缺是否对金融资产供给具有逆向调节的作用,设定如下模型对上述两点进行实证检验:

$$\text{Ln } Y_t = c+\alpha_1 \text{AS}_t+\beta_1 \text{Expense\_}R_t+\beta_2 \text{Trade\_}R_t+\beta_3 \text{Invest\_}R_t+\beta_4 \text{Tech}_t+\varepsilon_t \tag{4.27}$$

其中,t 表示年份,本实证模型是为了检验金融资产短缺与金融资产供给量之间的关系,被解释变量 Y_t 包含金融资产供给量(Asset_Sup),以及其五个细分类别银行信贷(LnC)、股票筹资额(LnE)、债券发行额(LnB)、短期存款变化量(LnΔS. D.)、境外资产净购买(LnNPFA),以及金融资产短缺指数(AS);控制变量包含政府财政支出占比(Expense_R)、进出口贸易总额占比(Trade_R)、固定资产投资占比(Invest_R)、技术水平(Tech),ε 表示随机误差项。

表 4.6 金融资产短缺的调节效应检验

解释变量	被解释变量					
	Supply_Str	LnC	LnE	LnB	LnΔS. D.	LnNPFA
AS	−1.358*** −8.840	−0.449*** −3.910	−0.475* −2.060	−0.529*** −4.530	−0.879*** −5.720	0.001 (0.01)

续表

解释变量	被解释变量					
	Supply_Str	Ln*C*	Ln*E*	Ln*B*	LnΔS. D.	LnNPFA
Expense_R	0.085 *** (3.080)	0.715 ** (2.480)	1.087 ** (2.440)	0.296 0.690)	0.668 (1.490)	-0.931 * (-1.94)
Trade_R	0.598 (1.720)	-0.298 ** (-2.280)	-0.268 (-0.750)	1.077 *** (3.130)	-0.369 (-1.030)	0.551 (1.42)
Invest_R	-8.580 *** (-3.550)	-6.566 ** (-1.740)	0.322 (-1.540)	-3.539 (-0.700)	5.439 (1.390)	-7.186 (-1.45)
Tech	90.238 *** (10.430)	79.443 *** (5.690)	76.784 *** (3.020)	108.259 *** (5.650)	-24.615 (-0.770)	70.309 (1.69)
常数项	9.670 *** (32.130)	4.263 *** (14.930)	3.461 *** (9.530)	3.131 *** (4.380)	3.459 *** (8.220)	5.202 *** (11.10)
Obs	24	24	24	24	24	24
Adj. R^2	0.988	0.958 5	0.852 9	0.954 5	0.769 1	0.416 0

注:①括号内报告的是统计量 t 值;

② ***, **, * 分别表示在 1%、5%、10% 显著性水平上拒绝原假设。

表 4.6 报告了金融资产短缺与金融资产供给之间的负向调节关系的检验结果,除最后一个模型外,调整后的 R^2 均处于较高水平,说明模型拟合效果较好。结果显示金融资产短缺指数(AS)对被解释变量金融资产供给量(Asset_Sup)、银行信贷(Ln*C*)、债券发行额(Ln*B*)、短期存款变化量(LnΔS. D.)均通过了在 1% 置信水平下的显著性检验,股票筹资额(Ln*E*)也通过了在 10% 的置信水平下的显著性检验,并且相关系数均为负值,这与前文金融资产短缺对金融资产供给具有逆向调节的作用的论断是一致的。具体而言,当金融资产供给短缺程度加深时,即表现为 AS 数值的增加,说明此时经济体对于金融资产的需求产生上升,而金融资产供给是处于不断下降的趋势之中,即上表中 AS 的相关系数表现为负值,符合金融实践事实。

4.6 稳健性检验

为了保证前文结果的稳健,本章做了如下两个方面的稳健性检验:

①替换核心变量,采用经济增长率(g)作为 LnGDP 的替代变量,重新对 4.5.1 节、4.5.2 节的各模型进行回归分析,结果如表 4.7、表 4.8 所示。

表 4.7 所揭示的结果与表 4.4 的结果基本保持一致,仅有解释变量 Fin_SA 的显著性要略弱一些(在 10% 显著性水平通过假设),并且各模型的 Adj. R^2 也达到了 85% 以上,说明前文结论具有可靠性和稳健性。表 4.8 所揭示的结果也与表 4.5 基本一致,仅有变量 Ln*B* 存在一定的差异,总体而言实证结果是可靠和稳健的。

此外,前文对金融资产短缺指数(AS)对经济发展的关系进行了检验,认为金融资产短缺(AS)与经济发展之间不存在显著的相关关系,但是有不少学者研究二者关系时,认为短缺与经济增长之间存在正向关系(范从来,2013;刘志彪,2015;阳旸,2018 等)。为此本书从被解释变量选择角度出发,采用经济增长率(g)作为 GDP 的替代变量,对金融资产短缺与经济发展之间的关系进行再次检验,结果显示金融资产短缺指数(AS)在 1% 显著性水平下通过检验,相关系数值为-0.022,t 统计量值为-3.08,拟合模型调整 R^2 为 0.883,这一结论与采用 GDP 自然对数作为被解释变量不同,对其可能的解释有;一是考察样本周期较短,使得检验结果不稳定,后续研究可以采用国标做进一步分析;二是正如诸多学者所言,如 Frankel(2006)、Ndikumana(2005)、Obstfeld 和 Rogoff(2009)、王凌云(2012),认为以资产短缺来解释经济增长问题是否必要尚需进一步商榷。

表 4.7 金融资产结构市场化与经济增长(g)的回归结果

解释变量	g			
Fin_SS	0.048*** (5.26)			

续表

解释变量	g			
Fin_SA		0.003 * (2.25)		
Fin_SE			-0.002 (-0.36)	
Supply_Str				0.007 ** (3.75)
Expense_R	-0.008 (-0.04)	0.017 (0.09)	0.030 (0.15)	0.084 (0.38)
Trade_R	0.155 *** (9.88)	0.172 *** (7.02)	0.170 *** (6.24)	0.146 *** (5.21)
Invest_R	0.072 *** (2.43)	0.056 ** (2.07)	0.059 *** (2.11)	0.066 *** (2.34)
Tech	-4.212 *** (-2.12)	-4.695 *** (-2.21)	-3.447 (-1.64)	-4.478 *** (-2.01)
常数项	0.029 (1.31)	0.041 *** (2.25)	0.033 * (1.75)	0.037 ** (1.93)
Obs	24	24	24	24
Adj. R^2	0.903	0.866	0.850	0.853

注:①括号内报告的是 t 统计量 t 值;

② ***, **, * 分别表示在 1%、5%、10% 显著性水平上拒绝原假设。

表 4.8 金融资产供给变化与经济增长(g)的回归结果

解释变量	g						
LnAsset_Sup	0.017 *** (3.36)						
LnC		0.028 *** (2.17)					

续表

解释变量	g						
LnE			0.029*** (3.55)				
LnB				0.020 (1.61)			
LnΔS. D.					0.010 (1.06)		
LnNPFA						0.005 (0.62)	
AS							-0.022*** (-3.08)
Expense_R	0.088 (0.58)	0.099 (0.59)	0.166 (0.87)	0.057 (0.25)	-0.065 (-0.3)	0.058 (0.25)	-0.054 (-0.29)
Trade_R	0.139*** (7.63)	0.173*** (7.18)	0.165*** (10.29)	0.138*** (5.65)	0.164*** (7.4)	0.166*** (6.14)	0.150*** (7.33)
Invest_R	0.059*** (2.34)	0.049** (1.94)	0.039 (1.46)	0.062*** (2.24)	0.060** (2.05)	0.065* (2.07)	0.076** (2.54)
Tech	-7.390*** (-3.85)	-6.066*** (-3.06)	-6.089*** (-3.11)	-5.973*** (-2.62)	-3.513 (-1.65)	-3.949* (-1.76)	-4.000* (-2)
常数项	-0.102*** (-2.44)	-0.071 (-1.39)	-0.050* (-1.78)	-0.016 (-0.41)	0.009 (0.31)	0.008 (0.17)	0.060*** (3.32)
Obs	24	24	24	24	24	24	24
Adj. R^2	0.895	0.873	0.901	0.868	0.862	0.851	0.883

注:①括号内报告的是 t 统计量 t 值;

② ***, **, * 分别表示在 1%、5%、10% 显著性水平上拒绝原假设。

②鉴于 2008 年发生了国际金融危机,中国金融政策发生了较大调整,故将样本划分为 1997—2007 年、2009—2020 年这两个不同的时间段,重新对 4.5.1 节、4.5.2 节的各模型进行回归分析(结果未展示),结果与上述结论基本一致,并未产生显著性差异,因此可以认为前文结论具有可靠性和稳健性。

4.7 本章小结

虽然中国的宏观金融结构呈现出市场化的演化趋势，但是依然具有较为显著的“银行主导”特征，正是在这样的宏观金融结构演化背景下，一方面呈现出“货币多、资本少”的金融资产供给现状，另一方面还存在着金融资产供给结构性短缺的问题。因此，本章节从金融结构演化的视角，对中国金融资产的供给结构、供给短缺问题及其经济后果进行分析，主要研究内容如下：

首先，采用 Granger 因果检验和脉冲响应函数对宏观金融结构演化与金融资产供给之间的关系进行分析，研究表明相较于银行信贷规模，股票、债券类金融资产供给规模的相对扩大，使得短期内资本市场的相对规模扩大，进而促使宏观金融结构呈现出市场化演化趋势，并且长远而言股票、债券等资本市场的交易效率的提高会促进宏观金融结构市场化的效率水平。然而就中长期而言，宏观金融结构演化的市场化水平会受到抑制，其根本原因在于中国银行主导型的金融体系，银行业稳固的主导地位对宏观金融结构的市场化演化起抑制作用。

其次，基于金融资产供需均衡分析视角，将金融资产短缺指数纳入 C-D 生产函数，构建了反映金融资产供需关系的经济增长模型 $Y(F,\eta)$。研究发现经济增长水平的提升大小除了与金融资产供给量有关，还取决于金融资产短缺指数 η 的大小，即可获得 $R(\eta)$ 的乘数效应。需要指出的是，金融资产供需乘数效用 $R(\eta)$ 在不同金融资产供需状态下存在较大差异，当经济体保持在金融资产供给短缺状态（$0<\eta<1$）时，增加金融资产供给会促进经济增长，此外由于金融资产供需乘数效用大小为 $R(\eta)>1$，使经济增长的速度加快，获得一定程度的加速增长。同理，当经济体保持在金融资产供给过剩状态（$-\infty<\eta<0$）时，减少金融资产供给会降低经济增长速度，但是由于此时金融资产供需乘数效用大小为 $0<R(\eta)<1$，使经济增长下降的速度减缓，获得一定程度的减速下降。此外，还

对不同类型的金融资产(银行信贷、股票、债券)供给与金融资产短缺对经济增长的关系进行分析,有助于加深对金融资产供给与经济增长关系的理解。

最后,通过实证研究对金融结构演化、金融资产供给与经济增长之间关系进行分析。一是金融结构演化与经济增长的实证分析表明,中国资本市场(股票市场、债券市场等)经过多年发展,宏观金融结构市场化的规模水平、活力水平的提升均会促进经济实现正向发展,但是规模水平的提升作用更大,这与绝大多数学者的研究结论是一致的。二是金融资产供给与经济增长的实证分析结果表明,银行信贷资产、股票资产、债券资产的增加会促进经济增长,其促进作用大小排序为债券资产>信贷资产>股票资产,而短期存款变化量、境外资产净购买的增加并不会显著性地促进经济增长。研究还表明虽然金融资产短缺与中国经济快速发展同时存在,但是金融资产短缺并不必然会阻碍经济发展。三是采用经济增长率(g)作为 GDP 的替代变量对金融资产短缺与经济发展之间的关系进行再次检验,发现二者存在显著的相关关系,与前面的结论相反,并对其可能原因进行阐述。此外,还对金融资产短缺与金融资产供给的关系进行检验,结果表明二者之间存在负向关系,符合金融发展实践。

第五章

5

金融结构演化特征与企业融资选择分析

第 4 章的分析表明中国金融结构具有较为明显的“双重主导”的结构特征(孙俊,2014;戚晓耀和苏基溶,2011;Zhang 和 Wang,2013),一方面体现为银行主导型的金融结构,这是从“二元”金融结构演化的角度做出的判断,反映的是“货币多、资本少”的金融资产供给结构问题;另一方面体现为国有性质银行主导的银行业结构,这是从产权属性、经济体制角度做出的判断,反映的是金融资产定向配置的问题。中国金融结构所表现出来的特征,并非由金融体系内生决定的,而是与经济发展互动的结果,企业是经济体内的最基本构成单元,作为金融资产的需求主体,企业的融资选择、融资结构也必然会受金融结构及其资产供给特征等外部因素的影响,本章节将尝试对上述金融结构“双重主导”特征下的企业融资选择问题进行分析。

5.1　企业融资选择的机理分析

5.1.1　企业融资选择的问题界定

企业融资选择属于企业资本结构理论研究的范畴,是探究股权融资与债权融资的如何选择,这一研究领域代表性的理论有 Modigliano 和 Miller 的 MM 理论、Myers 的新优序融资理论、Jensen 和 Michael 的代理成本理论,以及 Rose 的信号模型理论,其中以新优序融资理论最具代表性。新优序融资理论(Pecking Order Theory)的基本观点是:当公司为新项目融资时,将优先考虑使用内部盈余积累,其次采用银行信贷或债券融资,最后才考虑股权融资,即遵循内部融资、外部债权融资、外部股权融资的顺序(董骥,2020)。当然在实际融资过程中,不同企业的融资顺序并不严格遵循上述顺序,仅是指不同企业会基于自身情况对某一类融资方式有偏好,影响偏好来源的因素是多样的,如企业的抵押物、企业性质、项目投资周期、管理者偏好等等,上述影响融资偏好的诸要素最终是通过项目的“风险—收益”水平来考察的。

“收益性要求”是金融活动得以存续的前提,金融活动产生和存在需具备三个条件:一是在私有财产得到有效保护的前提下,货币资源或实物资源在不同主体之间有余缺之别;二是借贷是有偿的,包括基本收益和超额收益(或风险补偿收益);三是借方在借贷之后有能力在约定的时间到期还本付息。也就是说,从事金融活动必须要实现两个目标:一是能够产出贷方所要求的本金和利息;二是还要能够产出借方还本付息后的额外剩余,只有这两个目标同时实现才能确保金融活动的持续进行。美国经济学家 Harry M. Markowit 在《资产选择:有效的多样化》一文中提出了资产组合报酬的均值—方差模型,该模型以数学化的方式解释了投资分散化原理,系统阐述了资产的组合和选择问题,标志着现代资产组合理论(Modern Portfolio Theory)的产生。Markowit 否定了传统金融学单纯的期望收益最大化的理论假设,提出以均值和方差来分别衡量收益和风险,即投资决策不仅取决于资产的期望收益,还取决于资产的收益方差(风险)大小,并且提出投资者应运用效用最大化原则(The Utility-Maximizing Rule)获取最优投资决策,故而资产组合理论又被称为“均值-方差分析”。Markowit 的经典资产组合理论是建立在一系列的假设之上的,如不存在交易费用、投资者存在预期效用偏差、完美信息市场、投资者异质性等,这些假设与现实金融市场不相符合,因此大量学者通过放松假设,使得模型更为接近现实。如 Sharp 提出用单因子模型来计算风险资产的均值和协方差,极大地简化了模型参数估计的难度;对于存在超额收益的投资组合方面,Markowit 与 Mao 提出了均值-下半方差模型风险,修正了收益分布不对称时的资产组合选择模型,此外还有均值-方差-偏度模型、均值绝对偏差模型、安全第一模型等。

然而,由于信息不对称、资本逐利性的存在,投融资双方很难基于“风险—收益”实现金融资产供需匹配,很难实现自身或总体的投资效用最大化。一方面,由于信息获取技术、逆向选择等信息不对称客观存在,导致投资标的的实际风险收益不易衡量。投资主体需要通过尽职调查,借助有限的信息资源,尽可能地提高评估风险收益的能力，因而投资者期望收益中通常会包含对于信息不对称的风险补偿收益，即投资主体期望收益水平往往要高于融资主体给出的收益水平。另一方面，资本逐利性使得投资者忽视风险而寻求更高的溢价。不同投资标的的风险收益模式存在较大区别，从产业角度而言，要素禀赋、资产结构、运营方式、销售模式等存在较大差别，其利润来源和风险水平不尽相同，进而决定了融资难易程度不同。如房地产、股市、期货等高收益领域往往受到资本的青睐，而农业、传统制造业、准公共产品等低收益[①]领域的融资需求很难得到满足，由此造成脱实入虚、货币空转等金融资产配置效率低下的现象。

“收益性要求”中“风险补偿收益”在 Markowit 的均值—方差模型以及后续学者的修正研究中得到了体现。对于任何投资项目都是在一系列的不确定条件下进行的，由此导致金融活动必然存在一定的风险，而在基本收益得到保障的前提下，作为风险补偿的超额收益也是不可或缺的。在投资实践中，被投资项目的风险-收益水平受多种因素影响，任何一个因素发生变化都有可能改变投融资决策，所以很难直接通过衡量风险-收益水平做出投资决策。一般情况下，风险-收益水平的衡量通常需要对被投资标的的关键指标进行直接衡量，然后采用合适的指标评价方法求出投资标的的实际风险-收益水平。同时，投资者会对关键指标设定自己的期望值，据此得到期望的风险-收益水平，最后比较投资标的的期望的与实际的风险-收益水平，在诸多被投资标的中选择契合自己风险-收益特征的标的（龚强，2014）。简言之，不确定条件下收益和风险的权衡是企业投融资的核心问题，通常应遵循实际收益水平不小于期望收益水平，且实际风险水平不大于期望风险水平的投资决策原则，即可实现投资者效用最大，金融资源需求者需要进行风险—收益的权衡，同样金融资源供给者也要思考这一问题。

---

① “高风险低收益”是指“相对”概念，是指相对于房地产市场、证券市场等高风险高收益而言。

5.1.2 企业融资选择的过程描述

1)企业融资偏好

现设定经济体中由投资者、金融机构、企业主体三个部分组成,并且每个参与者均为风险中性。需要特别指出的是,这里假设金融机构、投资者处于完全的竞争态势,即不存在垄断竞争或寡头竞争的情况。现在假设企业对项目进行投资,其可供选择的融资途径有股权融资方式、债权融资方式。此处因为考察的是企业外部融资,故不考虑企业以自有金融资产作为项目投资的资金来源。根据 Myers 的新优序融资理论,企业在选择融资方式时具有一定的融资偏好,设定企业选择股权融资的偏好为 γ,选择债权融资的偏好为 $1-\gamma$,且 $0<\gamma<1$。为便于构建企业融资模型,假定企业在选择融资方式时,仅能选择单一融资方式,即股权融资与债权融资仅能二者择一。

股权融资通常是指企业通过出让部分所有权进行资金筹措,无须还本付息,股权投资是一种风险共担、利益共享的融资方式,对于企业而言其股权融资是一种无风险的永久性融资,即使企业不进行任何分红,投资者也无权要求企业偿还本金,仅可通过股权交易回收投资资金。因此对于那些规模较小、产业(业务)风险较高的企业而言,面临的破产清算风险更高,股权融资天然具备的风险分担机制,使得即使企业在未实现盈利的情况,也能够保障企业的持续经营。虽然股权融资具有上述优点,但是在涉及控制权、企业决策时会存在很多问题。

债权融资一般是指通过发行企业债券和银行贷款的方式筹措资金。由于中国企业发行债券要求比较严格,所以债券融资主要是指银行信贷。银行具有明显的“嫌贫爱富”、所有制歧视等信贷歧视问题,那些资产质量较高,产业风险较低,具有稳定盈利能力的、国有性质的企业往往会成为银行的优质客户。银行信贷最核心的问题在于是否存在满足要求的融资担保品或抵押物,银行通常要求企业以融资项目或者其他自有资产作为抵押，以确保其借贷的安全性。

2）企业融资时序

为便于理解，假设企业的融资过程包含两个阶段：项目投融资决策期与项目投资回收期。具体分述如下：

项目投融资决策期（$t=0$ 期），该阶段企业根据自身的偏好选择融资方式为项目 A（标准化为 1）进行融资。如果选择债权融资，企业与投资机构签订债务合约并约定支付利息 R（含本金）。如果企业根据自身融资偏好选择股权融资方式，则企业与投资者签订股权投资合约并约定后者将持有股份比例为 $S\in(0,1)$。假设企业拥有所有资产（土地、厂房、专利等）价值为 C，这些资产的用途是作为债券融资的融资担保品（或抵押物），也可以作为股权融资的出资份额。

项目投资回收期（$t=1$ 期），该阶段可以对项目是否成功进行确定，并且对投融资双方的收益情况进行清算。如果企业根据自身的偏好 $1-\gamma$ 而选择债权融资，若项目成功，融资机构将会获得期望收益为 $(1-\gamma)R$（利息和本金），则企业留存的收益为 $(1-\gamma)(\pi-R)$；如果项目失败，融资机构将会对企业进行清算，从而获得企业进行融资的抵押品作为损失补偿 δC，其中 $\delta\in(0,1)$ 是抵押品的折旧率。如果企业根据自身的偏好 γ 而选择股权融资，若项目成功，投资者将会获得的期望收益为 $\gamma S\pi$，企业留存的收益为 $\gamma(1-S)\pi$；如果项目失败，投资者将会得到 δC 的补偿，企业则无剩余收益。以上表明，企业在进行融资时，需要将自有资产作为融资担保品（或抵押品），作为股权融资或者债权投资的风险担保。

3）项目风险刻画

通常项目的风险来源于两个方面，一是技术创新风险，主要是指企业在投资新项目时，采用的新技术能否研发成功，二是产品销售风险，品牌认可度提升和消费习惯改变都需要时间（张一林 等，2016；龚强 等，2014；林毅夫，2009），企业新生产的产品能否被市场所接受存在不确定性。本书所刻画的项目风险主要来源于上述两个方面的风险，通常而言对于处于技术前沿的产业，项目的成功更加依赖于原创性的技术创新和产品创新，其风险水平较高。而未达到技术前沿的产业，其技术和产品都相对比较成熟，创新研发和产品的风险都相对较低。

在项目投融资决策期（$t=0$ 期），设定项目为低风险项目 L 的概率为 $1-\theta$，其成功的概率为 P_L（则失败的概率为 $1-P_L$），利润为 π_L；项目为高风险项目的概率 θ，其成功的概率为 P_H（则失败的概率为 $1-P_H$），且成功的概率小于低风险项目成功的概率（$P_H \leqslant P_L$），成功后获取的利润为 π_H。θ 的大小与企业所从事产业的技术和产品的研发密度、技术含量有关系。θ 越大意味着企业所从事的产业技术越处于前沿水平。企业发展需要不断地进行研发和技术创新，所以企业的产业风险比较大。例如："技术密集型"的高新技术产业，需要通过大量的研发投入和科技创新来促进企业发展，这类企业的产业风险 θ 很大。相反，"劳动密集型"的传统农业、制造加工业、房地产、基础设施建设行业等行业，更多的是通过改进、模仿等方式进行创新性生产，这类企业的产业风险 θ 很小。综合而言，低风险项目 L 具有低风险特征，投资回报率较为稳健；高风险项目 H 具有高风险特征，但潜在的投资回报率相对较高。

根据前面对企业融资偏好、企业融资时序、项目风险刻画的分析，绘制如下企业融资过程图示：

在正式进行企业 H 融资方式选择分析之前，还要设定以下几个假设：

①假设企业处于企业生命周期理论的成长期，因此成长期的企业会存在大量的投融资需求；

②在风险中性和完全竞争的环境下，当且仅当投资机构的期望收益大于其投入的成本 I，投资机构才会为企业提供融资；

③假设企业进行融资时，融资机构所得本金和利息小于企业获得的期望利润，只有企业在支付完利息后还有盈余，企业才会有动力去投资项目；

④假设低风险项目 L 和高风险项目 H 的期望利润相同 $E(\pi_H)=E(\pi_L)$，其

中 $E(\pi_H)=P_H\pi_H$，$E(\pi_L)=P_L\pi_L$，π 为项目的总收益，且为随机变量，这一假设避免了企业为追求高收益、忽略风险而盲目上马高风险项目。

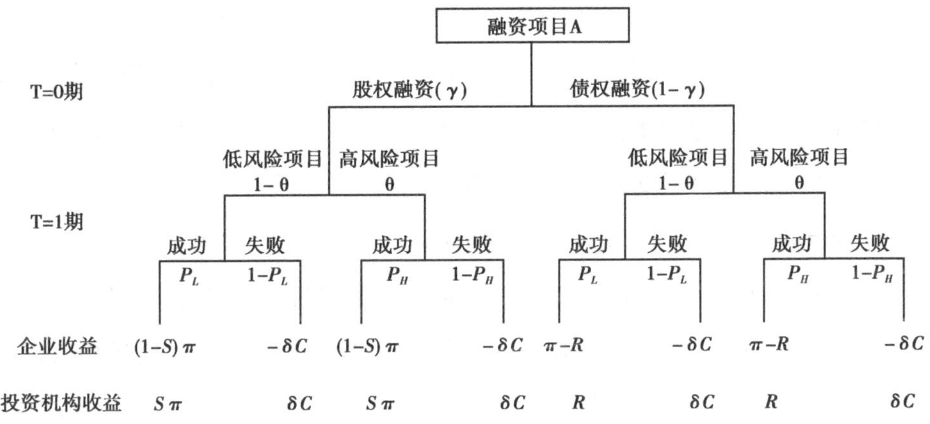

图 5.1　企业融资选择过程

5.1.3　企业股权融资选择分析

企业根据自身融资偏好，选择股权融资方式(γ)获得资金需求，并且与投资者约定双方持股比例，其中设定投资持股比例为 S，以项目投资收益最大化(或企业利润最大化)为目标。在 $t=1$ 期，由于项目类型和投资项目的成功概率存在不确定性，下面分情况进行阐述。

对于企业而言，如果投资低风险项目，若项目投资成功，那么企业将会获得 $\gamma(1-\theta)P_L\pi_L(1-S)$ 的期望利润；若项目投资失败，企业为投资机构提供补偿 $(1-\theta)(1-P_L)\delta C$。如果投资高风险项目，若项目投资成功，那么企业将会获得 $\gamma\theta E(\pi_H)(1-S)$ 的期望利润；若项目投资失败，企业为投资者提供的补偿为 $\theta(1-P_H)\delta C$。对于企业来说项目成功会带来收益，而失败则必须要为投资机构提供补偿，汇总后可得企业的投资期望收益函数 Y，表达式如下：

$$Y=\gamma(1-S)[(1-\theta)E(\pi_L)+\theta E(\pi_H)]-\delta C[(1-\theta)(1-P_L)+\theta(1-P_H)] \tag{5.1}$$

对于投资者而言，如果投资低风险项目，若项目投资成功，那么投资机构将会获得的期望收益为$\Gamma s(1-\theta)\mathrm{E}(\pi_{\mathrm{L}})$；若项目投资失败，投资机构将会得到企业给予投资者的补偿$\delta(1-\theta)(1-P_{\mathrm{L}})C$。如果投资高风险项目，若项目投资成功，投资机构从高风险项目获得的期望收益为$\gamma S\theta\mathrm{E}(\pi_{\mathrm{H}})$；若项目投资失败，投资机构将会得到企业给予投资者的补偿$\delta\theta(1-P_{\mathrm{H}})C$，将上述两种期望收益、两种补偿相加后即可得到投资期望收益函数Z，表达式如下：

$$Z=\gamma S[(1-\theta)\mathrm{E}(\pi_{\mathrm{L}})+\theta\mathrm{E}(\pi_{\mathrm{H}})]+\delta C[(1-\theta)(1-P_{\mathrm{L}})+\theta(1-P_{\mathrm{H}})] \quad (5.2)$$

现设定企业在项目上付出的投资成本为I(可视为一个固定的常数)。根据假设(2)在投资者风险中性，以及完全竞争的环境下，当且仅当投资机构的期望收益大于其投入的成本I，投资机构才会给企业提供融资。此时企业和股权投资机构的目标函数如下所示：

$$\begin{aligned}&\mathrm{Max}\ Y=\gamma(1-S)[(1-\theta)\mathrm{E}(\pi_{\mathrm{L}})+\theta E(\pi_{\mathrm{H}})]-\delta C[(1-\theta)(1-P_{\mathrm{L}})+\theta(1-P_{\mathrm{H}})]\\&\text{S. T. }(1)Z\geqslant I\\&(2)\mathrm{E}(\pi_{\mathrm{L}})=P_{\mathrm{L}}\pi_{\mathrm{L}}=\mathrm{E}(\pi_{\mathrm{H}})=P_{\mathrm{H}}\pi_{\mathrm{H}}\\&(3)0\leqslant\gamma\leqslant1;\\&(4)0\leqslant\delta\leqslant1;\\&(5)0\leqslant\theta\leqslant1;\\&(6)0\leqslant P_{\mathrm{H}}\leqslant P_{\mathrm{L}}\leqslant1\end{aligned} \quad (5.3)$$

首先，考察项目风险水平对企业融资的影响，由 Max Y 可以计算出如下导数

$$\frac{\partial\gamma}{\partial\theta}=\frac{\delta C(P_{\mathrm{L}}-P_{\mathrm{H}})}{\gamma(1-S)\mathrm{E}(\pi_{\mathrm{L}})}>0 \quad (5.4)$$

由条件$0\leqslant P_{\mathrm{H}}\leqslant P_{\mathrm{L}}\leqslant1$，式(5.4)大于零恒成立，说明项目风险越高，企业越倾向于选择股权融资，由此可以判定项目的风险特征会影响企业的融资选择偏好。

其次，考察股权投资机构的投资行为。若使投资机构能够为企业提供股权

融资仅需要满足条件(1)$Z\geqslant a$,为便于计算,假定投资机构仅获取 a 个单位的收益,这即可构建 $Z=I+a$,理论上认为此时投资机构有动机进行投资,由条件(2),经计算可得:

$$\gamma S\mathrm{E}(\pi_{\mathrm{L}})+\delta C[(1-P_{\mathrm{L}})+\theta(P_{\mathrm{L}}-P_{\mathrm{H}})]=I+a \tag{5.5}$$

根据(5.5)式可以计算:

投资机构的持股比例:

$$S=\frac{I+a-\delta C[(1-P_{\mathrm{L}})+\theta(P_{\mathrm{L}}-P_{\mathrm{H}})]}{\gamma\mathrm{E}(\pi_{\mathrm{L}})} \tag{5.6}$$

抵押品要求:

$$C=\frac{I+a-\gamma S\mathrm{E}(\pi_{\mathrm{L}})}{\delta[(1-P_{\mathrm{L}})+\theta(P_{\mathrm{L}}-P_{\mathrm{H}})]} \tag{5.7}$$

根据式(5.6)、(5.7),分别求解出下列导数:

$$\frac{\partial S}{\partial\theta}=\frac{\delta C(P_{\mathrm{H}}-P_{\mathrm{L}})}{\gamma\mathrm{E}(\pi_{\mathrm{L}})}<0 \tag{5.8}$$

式(5.8)恒小于零值,从企业角度考虑,高风险项目的预期收益会比较高,企业通常不愿意让渡过高的股权比例;从投资机构角度考虑,当项目风险过大时,投资者出于对投资风险的控制并不会出资过多,即投资意愿随项目风险的上升而降低,进而持股比例降低,即上式(5.8),这与金融实践是吻合的。

$$\frac{\partial S}{\partial C}=\frac{-\delta[(1-P_{\mathrm{L}})+\theta(P_{\mathrm{L}}-P_{\mathrm{H}})]}{\gamma E(\pi_{\mathrm{L}})}<0 \tag{5.9}$$

式(5.9)小于零恒成立,说明若企业的固定资产价值较高,在融资谈判时会更有议价权,会倾向于压低投资者的持股比例,进而降低融资成本。对于投资者而言,由于企业具备高的固定资产价值,即使项目失败,投资者也能得到更多的补偿,容易增加投资者对企业的投资信心,故所要求的股份也就随之减少。

根据上述分析,提出股权融资引理:企业根据融资需求偏好和项目风险特征进行融资方式选择,项目风险 θ 越高,企业越偏好于选择股权融资,此时存在一个最低抵押要求:$\underline{C}^{\mathrm{S}}=\dfrac{I+a-\gamma S\mathrm{E}(\pi_{\mathrm{L}})}{\gamma\delta[(1-P_{\mathrm{L}})+\theta(P_{\mathrm{L}}-P_{\mathrm{H}})]}$,当企业实际资产价值 $C>\underline{C}^{\mathrm{S}}$

时企业才能融资成功，此时投资者的持股比例为：$S^{S}=\frac{I+a-\gamma\delta C[(1-P_{L})+\theta(P_{L}-P_{H})]}{\Gamma e(\pi_{L})}$，企业的期望利润为 $\pi^{S}=P_{L}\pi_{L}-I-a$。当 $C<\underline{C}^{S}$ 时，说明企业没有足够的固定资产作为融资担保品，投资者将不会进行股权认购。

5.1.4 企业债权融资选择分析

企业根据自身融资偏好，选择债权融资方式$(1-\gamma)$获得资金需求，融资机构在收益(利息)与风险(企业能够偿还本金和利息)之间进行权衡，决定是否对企业进行融资。企业与融资机构签订债务合约并约定支付利息 R(含本金)，以项目投资收益最大化(或企业利润最大化)为目标。在 $t=1$ 期，由于项目类型和投资项目的成功概率存在不确定性，下面分情况进行阐述。

对于企业而言，如果投资低风险项目，若项目投资成功，那么企业将会获得$(1-\gamma)[(1-\theta)(\mathrm{E}(\pi_{L})-R)]$的期望利润；若项目投资失败，融资机构将会把抵押的资产进行清算以弥补损失，低风险项目被清算的成本为$(1-\theta)(1-P_{L})\delta C$。如果投资高风险项目，若项目投资成功，那么企业将会获得$(1-\gamma)\theta(\mathrm{E}(\pi_{H})-R)$期望利润；若项目投资失败，企业被清算的成本为 $\theta(1-P_{H})\delta C$。对于企业来说项目成功会为企业带来收益，而失败则必须要为投资机构提供补偿，汇总后可得企业的投资期望收益函数 Y，表达式如下：

$$
\begin{aligned}
Y=&(1-\gamma)[(1-\theta)(E(\pi_{L})-R)]+(1-\gamma)\theta(\mathrm{E}(\pi_{H})-R)-\\
&(1-\theta)(1-P_{L})\delta C-\theta(1-P_{H})\delta C
\end{aligned}
\tag{5.10}
$$

对于投资机构而言，如果投资低风险项目，若项目投资成功，那么投资机构将会获得的期望收益为$(1-\gamma)(1-\theta)P_{L}R$；若项目投资失败，投资机构将会把抵押的资产进行清算以弥补损失，将获得$(1-\theta)(1-P_{L})\delta C$ 的补偿。如果投资高风险项目，若项目投资成功，投资机构从高风险项目获得的期望收益为$(1-\gamma)\theta P_{H}R$；若项目投资失败，投资机构将会得到企业给予投资者的补偿 $\theta(1-P_{H})$

δC,将上述两种期望收益、两种补偿相加后即可得到投资的投资期望收益函数 Z,表达式如下：

$$Z=(1-\gamma)R[(1-\theta)P_L+\theta P_H]-\delta C[(1-\theta)(1-P_L)+\theta(1-P_H)] \quad (5.11)$$

现设定企业在项目上付出的投资成本为 I(可视为一个固定的常数)。在投资者风险中性,以及完全竞争的环境下,当且仅当融资的期望收益大于其投入的成本 I,投资机构才会给企业提供融资。此时企业和债权投资机构的目标函数如下所示：

$$\begin{aligned}
&\text{MAX } Y=(1-\gamma)[(1-\theta)P_L(\pi_L-R)]+(1-\gamma)\theta P_H(\pi_H-R)-(1-\theta)\\
&\qquad (1-P_L)\delta C-\theta(1-P_H)\delta C\\
&\qquad \text{S.T. } (1)\ Z\geqslant R\geqslant I\\
&\qquad\qquad (2)\ 0\leqslant\gamma\leqslant 1;\\
&\qquad\qquad (3)\ R<\text{E}(\pi_L)=P_L\pi_L=\text{E}(\pi_H)=P_H\pi_H\\
&\qquad\qquad (4)\ 0\leqslant\delta\leqslant 1;\\
&\qquad\qquad (5)\ 0\leqslant\theta\leqslant 1;\\
&\qquad\qquad (6)\ 0\leqslant P_L\leqslant P_H\leqslant 1
\end{aligned} \quad (5.12)$$

同理,首先,考察项目风险水平对企业融资的影响,由 Max Y 可以计算出如下导数

$$\frac{\partial\gamma}{\partial\theta}=\frac{\delta C(2-P_L-P_H)}{\text{E}(\pi_L)-R}>0 \quad (5.13)$$

由条件(3)、(6),可得式(5.13)大于零恒成立,说明项目风险越高,企业越倾向于选择股权融资,由此可以判定项目的风险特征会影响企业的融资选择偏好。这与前面式(5.4)的判断结果一致。

其次,考察债权投资机构的投资行为。若使投资机构能够为企业提供债权融资仅需要满足条件(1) $Z\geqslant R\geqslant I$,为便于计算,假定投资机构获取 b 个单位的收益,这即可构建 $Z=I+b\geqslant R$,理论上认为此时投资机构有动机进行投资,由条件(3),经计算可得：

$$(1-\gamma)R[(1-\theta)P_{\mathrm{L}}+\theta P_{\mathrm{H}}]=\delta C[(1-\theta)(1-P_{\mathrm{L}})+\theta(1-P_{\mathrm{H}})]+I+b \tag{5.14}$$

根据(5.14)式可以计算：

利息 R(含本金)：

$$R=\frac{I+b+\delta C[(1-\theta)(1-P_{\mathrm{L}})+\theta(1-P_{\mathrm{H}})]}{(1-\gamma)[(1-\theta)P_{\mathrm{L}}+\theta P_{\mathrm{H}}]} \tag{5.15}$$

抵押品要求：

$$C=\frac{(1-\gamma)R[(1-\theta)P_{\mathrm{L}}+\theta P_{\mathrm{H}}]-I-b}{\delta[(1-\theta)(1-P_{\mathrm{L}})+\theta(1-P_{\mathrm{H}})]} \tag{5.16}$$

企业的期望利润：

$$\pi^{\mathrm{d}}=(1-\gamma)P_{\mathrm{L}}\pi_{\mathrm{L}}-[I+b-\delta(1-\theta)(1-P_{\mathrm{L}})-\delta\theta(1-P_{\mathrm{H}})]C \tag{5.17}$$

根据式(5.15)、(5.17)，分别求解出下列导数：

$$\frac{\partial R}{\partial \theta}=\frac{(P_{\mathrm{L}}-P_{\mathrm{H}})[(1-\gamma)R-\delta C]}{(1-\gamma)[(1-\theta)P_{\mathrm{L}}+\theta P_{\mathrm{H}}]}>0 \tag{5.18}$$

$$\frac{\partial \pi}{\partial \theta}=-\delta C(P_{\mathrm{L}}-P_{\mathrm{H}})<0 \tag{5.19}$$

式(5.16)中，$(1-\gamma)R$ 为投资机构的期望收益，δC 为项目失败后清算价值，二者之间通常存在 $(1-\gamma)R-\Delta c>0$ 的关系，故式(5.16)取值恒大于零，表示随着项目风险变大，企业采取债权融资时就需要支付更多的利息，而自身留存的收益会减少，即式(5.19)表现出的恒小于零的关系，这与实践是吻合的。

$$\frac{\partial C}{\partial \theta}=\frac{(P_{\mathrm{L}}-P_{\mathrm{H}})[(1-\gamma)R-\delta C]}{\delta[(1-\theta)P_{\mathrm{L}}+\theta(1-P_{\mathrm{H}})]}>0 \tag{5.20}$$

同理，式(5.20)取值也恒大于零，其含义是随着项目风险增加，投资机构就会面临更高的投资风险，故企业需要提供更多的固定资产作为债权融资担保品。此外，由下式(5.21)可以得到，当企业提供可用于抵押的固定资产越多，其需要支付的利息成本就会降低，这说明了资产规模大的企业在债权融资方面具有规模优势。

$$\frac{\partial R}{\partial C}=\frac{-\delta[(1-\theta)(1-P_{\mathrm{L}})+\theta(1-P_{\mathrm{H}})]}{(1-\gamma)[(1-\theta)P_{\mathrm{L}}+\theta P_{\mathrm{H}}]}<0 \tag{5.21}$$

根据上述分析，提出债权融资原理：企业根据融资需求偏好和项目风险特征进行融资方式选择，与股权融资方式一致，当产业风险越低 θ，项目不成功的风险也就越低，企业越偏好于债权融资，并且存在一个最低抵押要求，即为投资机构的期望收益 $\underline{C}^{d}=(1-\gamma)R$，此时的企业利润为 $\pi^{d}=(1-\gamma)P_{L}\pi_{L}-[1-\delta(1-\theta)(1-P_{L})-\delta\theta(1-P_{H})]C$。当 $C>\underline{C}^{d}$ 时，投资机构才愿意提供贷款；当 $C<\underline{C}^{d}$ 时，不会给企业提供贷款。该引理表明，企业想要获得债务融资的前提是企业本身拥有足够的资产抵押，这与现实情况是相符的。

5.1.5　研究评述

基于前文分析，对研究观点进行提炼：①项目投资风险越大，企业越倾向于选择股权融资方式，反之项目投资风险越小，企业越倾向于选择债权融资方式；②不管是股权融资还是债权融资，企业固定资产价值都是投资机构关注的重要指标，风险越大的投资项目越是需要提供更多的固定资产作为融资担保品，以降低投资者的投资风险；③对企业而言，具有较高固定资产价值会使得企业在股权占比、利息支付等方面具有竞争力，从而促进融资成本的降低。

5.2　中国上市公司融资现状分析

5.2.1　金融结构演化与企业融资的关系

企业融资选择除了对风险-收益水平进行权衡外，还需要对所处的金融环境进行考察。长期以来中国金融市场存在着较为显著的结构性问题，最突出的表现是高度依赖间接融资体系，直接融资比重偏低，债券市场发展存在明显不足，股权融资市场层次单一，主板、中小板、创业板和代办转让系统呈现“倒金字塔”型（许光建 等，2019；赵瑞政 等，2020）。我国企业外源融资方式主要包含四大类，分别为银行贷款、非标融资、债券融资以及股权融资，2017 年末存量占比分别达 58%、23%、11%以及 8%。从具体融资模式看，贷款是企业融资的首要来源，长期增速保持平稳，但 2017 年下半年以来结构失衡。非标融资（全称非标准化债权资产融资①）是我国企业第二大融资来源，规模随金融监管发展趋势变化明显，2018 年进入显著规模压降阶段。债券融资作为企业融资第三大方式，近年来增速下滑，但是由于前期发行的大量债券到期使得再融资受阻。股权融资是企业融资来源第四位，包括股票及私募股权融资，近年来呈现增速下滑趋势。前文研究也表明银行主导型的金融结构表现出“货币多、资本少”的金融资产供给结构特征，由此导致融资结构也呈现出债权融资偏好。

金融结构的演化趋势是一个值得被重视的因素，企业或经济发展离不开其所处的金融环境。金融结构的演化最终会通过金融资产供给来引导或影响企业的投融资选择，这也是货币政策在影响企业发展如此重要的原因（饶品贵和姜国华，2013；Pradhan 和 Wasiak，2017）。货币政策对企业的融资行为和融资结构调整的影响，主要依靠干预企业负债融资的融资成本和融资资金的获取难度来实现（Bernanke 和 Blinder，1988）。依照动态权衡理论的观点，当企业未能达到目标融资结构时，企业会更趋向于采取债务融资的方式渐进地向目标值调整。若在这种情况下，中央银行施行扩张性货币政策，加大货币供应，将大幅度降低企业债务融资的成本，银行贷款更易获取，调整成本的降低将促使企业更趋向于积极债务融资，融资结构调整的速度和效率会相应提高（Yartey，2019）。

货币政策主要通过利率渠道与信贷渠道影响企业融资行为，最终实现企业财务结构的调整。一般而言，利率渠道被认为是一种直接手段，通过利率的提高或降低直接地改变企业的融资成本和资产价格；信贷渠道则是以间接手段改变企业的外部融资约束，通过商业银行对企业的信贷额度的管控进而实现对实

---

① 非标准化债权资产是指未在银行间市场及证券交易所市场交易的债权性资产，包括但不限于信贷资产、信托贷款、委托债权、承兑汇票、信用证、应收账款、各类受（收）益权、带回购条款的股权性融资等。

体经济的调控,这也是下文研究的主要方向。对于货币政策的信贷传导机制,鉴于我国金融结构的银行主导特征,调节银行系统的贷款数量是调控实际经济的主要货币政策手段,因此银行信贷规模是我国货币政策的传导机制中最主要的传导渠道(闫先东和朱迪星,2018)。在信贷传导机制下,货币政策紧缩的最突出表现就是银行可控的信贷规模,信贷数量的骤减极大增加了企业外部融资的难度,对融资结构向最优状态调整十分不利。反之,货币政策相对宽松的状态下,银行的信贷数量相对充裕,企业融资结构调整难度降低,实现最优融资结构调整也较为容易。

前文分析也表明虽然中国这些年实行了国有银行股份制改造、中小型银行设立、多层次资本市场建设等金融体制改革,但是我国以公有制为主体的经济体制并未改变,双重主导型的金融结构并未发生实质改变,尤其是银行信贷资产的配置具有明显的产权配置倾向、信贷歧视的现象。其中,产权性质会直接影响企业的融资偏好,具有国资背景的企业更偏好于银行信贷类的间接融资,预算软约束、政治关联等因素加强或引导了这一偏好(王春超和赖艳,2017;王宇伟和李寒舒,2019)。此外,由于我国金融监管部门对于企业上市、发行债券等融资行为具有严格要求,对企业规模、盈利能力、财务状况等作了具体要求,所以对于绝大多数企业的融资途径而言,更多的只能依靠银行信贷和民间借贷等,而往往银行惜贷更加剧了融资难的问题(Huang 和 Fang,2014;尹应凯和艾敏,2020)。此外,近些年我国以中小微企业为代表的民营企业取得了长足发展,其产品特征、风险特征等方面都发生了改变,银行借贷很难再适应企业融资特征,尤其是非国有产权性质的企业,增加直接融资更加符合企业金融资源需求特征,由此对金融体系产生更多的直接融资需求。随着中国多层次资本市场的逐步完善,注册制逐步推行,民营、高科技、中小规模企业上市直接融资的规模越来越大。从金融资产需求的角度,伴随着经济市场化的逐步推进,产业技术、风险收益水平等都有所改变,企业作为金融资源需求主体,其融资偏好发生改变,更倾向于股权、债券等直接融资方式,因此银行主导型的金融结构若不遵循经济发展规律对金融资源需求特征做出相应的改善，势必会阻碍整体金融效率的提升。

5.2.2 上市公司融资结构现状

1）上市公司银行信贷融资现状

通过对1997—2020年中国上市公司（金融类公司除外）的负债情况进行统计，可以发现企业的短期借款规模逐步增长，由1997年的1 687.75亿元上升到2020年的50 855.5亿元，年均增长率为16.9%，远超GDP增长率。然而，长期借款增长率表现出较大的波动性，2007—2010年维持在较低水平，主要原因是受国际金融危机影响，企业降低增长预期，减少长期银行借贷而收缩产业投资布局。此外，2011年、2014年、2019年均呈现大幅度增加，并且由图5.2中上市公司的流动与非流动负债、负债总额均呈现相似的波动趋势。究其原因，2011年七大战略性新兴产业先后推出“十二五”发展规划，以互联网产业为代表的信息技术产业得到了国家层面、民间创投机构的高度关注和巨额投资，由此直接导致了上市公司大量筹措长期信贷资金。2014年中国经济增长的动力趋弱，工业经济下行压力加大，在“加快结构调整，推动产业转型升级”为主题产业政策实施的背景下，央行时隔两年首次下调基准利率和基准存款利率，引导银行向实体经济发放房贷，直接导致了2014年长期借款的增加。2019年经济下行压力加大，社会信用收缩明显，央行在开年就降准1个百分点，向银行体系提供长期资金，9月初又实施“全面降准+定向降准”，为实体经济提供长期稳定资金，随后又推动中小银行永续债发行、LPR改革降低融资成本、激发贷款需求，加大对实体经济的信贷支持。

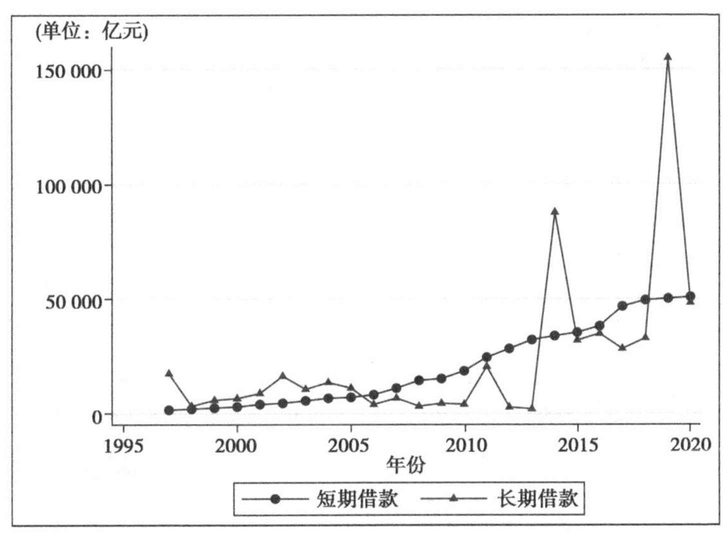

图 5.2　1997—2020 年上市公司短期借款与长期借款情况

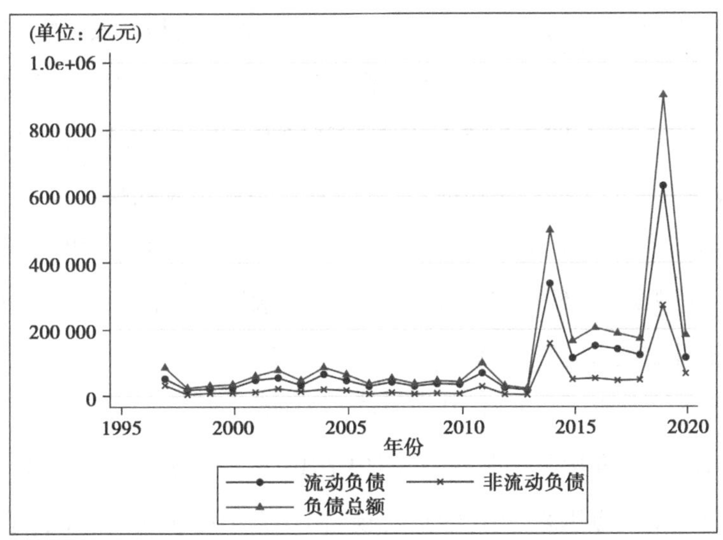

图 5.3　1997—2020 年上市公司负债情况

2)上市公司股权融资现状

对于上市公司而言,股权融资主要有三种:首次公开发行(IPO)、增发、配股。通过对 1997—2020 年中国上市公司(金融类公司除外)的股权融资情况进行统计,绘制如图 5.4 所示。

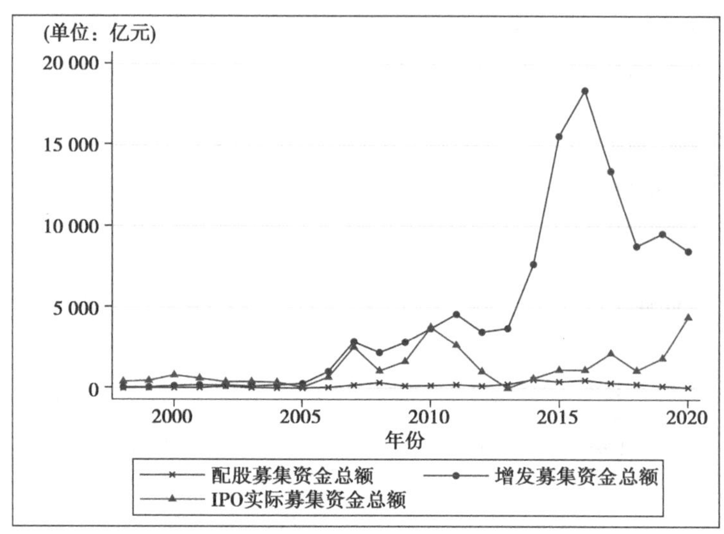

图 5.4　1997—2020 年上市公司股权融资现状

可以发现,已上市的公司股权融资最为主要的方式是增发,尤其是 2010 年以后增发融资规模要远远超过 IPO 的融资额度。需要指出的是,股票增发易受股票二级市场的影响,即在牛市时上市公司增发意愿较强,且投资者认购积极性也较高;当处于熊市或震荡市时,企业增发意愿和增发规模就会下降,这一点由 2016 年至今就可以看出。就 IPO 融资而言,由于我国股票 IPO 实行审核制,且上市条件较为严格,使得我国企业通过 IPO 融资上市的规模并不大。此外,证监会出于对二级市场影响考虑、新股发行制度改革等诸多原因,历史上我国 IPO 曾经历过多次暂停和重启,其中时间最长的一次为 2012 年 10 月—2014 年 1 月,长达 15 个月的 IPO 空窗期,即图中 2013 年 IPO 融资额度为 0。然而,自实行注册制改革试点以来,IPO 融资规模自 2019 年起快速上升,预计未来注册制全面实行后,IPO 融资规模会快速增大。此外,配股规模相对较小且呈现逐步萎缩的趋势,这与投资者对于上市公司质量与配股的缺点有关。

3)上市公司融资结构现状

此处以上市公司的短期借款与长期借款之和计算各个年度上市公司从银行体系筹措的信贷类资产总额,并以 IPO、增发、配股之和计算各个年度上市公司从资本市场筹措的权益类资产总额,据此计算各个年度上市公司融资结构=信贷资产类总额/权益类资产总额,均值为14.27,表示信贷类资产是我国上市公司融资的主要资金类型。上市公司融资结构最小值为2.97、最大值为2005年的54.44,二者差距较大。值得一提的是,自2006年起,上市公司融资结构数值基本保持在6.9左右。此处为1997—2020年上市公司(非金融类)的IPO、增发、配股数据,数据来源于CSMAR。总体而言,银行信贷融资依然是我国上市公司融资最为主要的方式,这与中国的宏观金融结构是密切相关的,前文3.2节已经对此进行过分析。

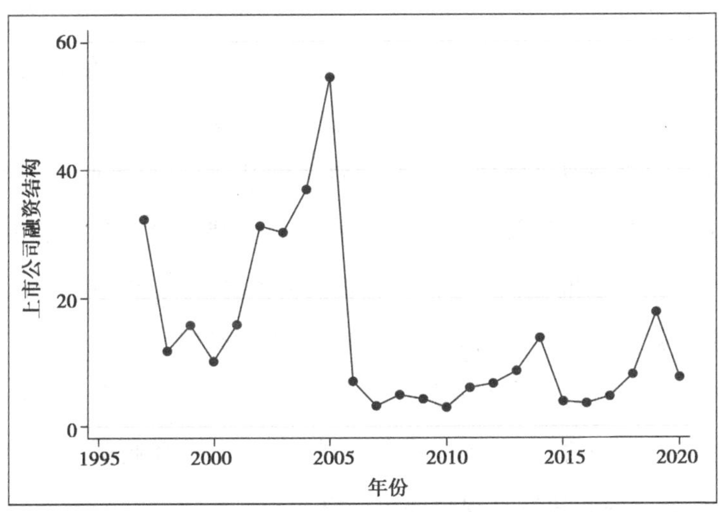

图5.5　1997—2020年上市公司融资结构现状

5.3　实证研究设计

5.3.1　样本选择与数据来源

鉴于数据可得性,宏观金融结构测算、金融资产供给结构测算的数据样本周期为1997—2020年共计24年;银行业结构测算的数据样本周期为2007—

2020 年共计 14 年;上市公司财务数据的样本周期为 1997—2020 年共计 24 年,其中金融业上市公司由于其财务特征与其他产业存在较大差异,故予以剔除。本章节数据主要来源于 CSMAR、《中国统计年鉴》、中国债券信息网、《中国金融统计年鉴》、上海证券交易所网站、深圳证券交易所网站等,数据真实可靠。

5.3.2 变量测度与定义

1)企业财务结构

基于前文分析,将企业融资的资金来源划分为两类,一是银行借贷类资产,二是股票、债券等权益类资产。其中由于监管原因,企业发行债券的难度较高,企业债券规模非常小,故本研究不对上市公司的债券融资方式进行考虑。企业财务结构反映的是企业借贷资产与权益资产的结构,应包含两种类型的结构,一是指借贷资金存量与权益资金存量的比值,二是指一个会计年度内银行借贷资金增量与权益资金增量的比值,二者之间存在紧密关系,但又有较大区别。本书以负债权益比率(也叫产权比率,Equity_R)、资产负债率(L/A)来定义企业财务结构的存量指标,以企业融资结构(Financing_Str)来定义企业财务结构的增量指标。通常而言,上述各个指标数值越大,代表企业财务结构越倾向于银行信贷,即表现为间接融资规模要大于直接融资规模。

2)金融结构演化

此处将金融结构演化变量作为本实证分析的解释变量,用以刻画“双重主导型”金融结构的特征,其具体定义参照第 3 章,将金融结构演化划分为三个层次,即宏观金融结构、银行业结构、金融资产结构。宏观金融结构通过三个变量表征(Baum et al. ,2011;张成思和刘贯春,2015;杨子荣和张鹏杨,2018 等),分别为宏观金融结构演化的规模水平(Fin_SS)、活力水平(Fin_SA)和效率水平(Fin_SE),这一组变量的样本数据为 1997—2020 年。而银行业结构指标的考察,则需要结合中国金融结构的“双重主导”特征,需要区分银行业市场结构与银行业产权结构进行分析，其中银行业市场结构的测度指标为赫芬达尔指数（HHI），行业集中度（CR_4、CR_8），银行业产权结构的测度指标为国有银行资产占比（Bank_Own1），若将政策性银行认定为国有银行，则计算出 Bank_Own2。由于数据获取原因，银行结构类指标的数据为 2007—2020 年中国境内公开财务数据的银行，因此下文分析银行业结构时样本总数要少一些。对于金融资产供给结构（Supply_Str）实际上是考察的是宏观金融实践中，银行信贷资产增量与权益类资产增量的比值，其样本数据为 1997—2020 年。

3）企业产权性质

对于产权性质对企业融资影响的文献很多，基本做法就是将按产权性质将企业划分为国有企业与非国有企业（或民营企业），本书也按照这一常规做法。李芸达和范丽红（2012）研究发现国有产权控制企业存在着“先投后融”的财务行为特征，而私有产权控制企业却体现为“先融后投”的行为特点。陆正飞等人（2015）从企业过度负债而非实际负债率角度检验了企业产权性质与过度负债间的关系。何瑛和张大伟（2015）发现非国有公司负债融资对企业价值的提升效果更好。程六兵和王竹泉（2015）研究发现银行对借款逾期公司存在歧视，借款逾期的非国有企业比国有企业获得的贷款数量较少，贷款成本较高。本书将企业产权性质作为解释变量，主要目的是研究国有银行主导型的信贷背景下，当企业作为国有企业时，银行信贷是否成为主要的融资方式，进而企业的财务结构是否更加倾向于银行信贷类资产，即研究企业产权性质与企业负债之间的关系。

4）高管金融背景

有不少研究表明高管金融背景会对企业的投融资产生重要影响，如陈仕华、何马超（2013）认为高管金融联结对企业贷款融资行为有显著影响，具有高管金融联结的企业可以获得较多的贷款融资数额；对于民营企业（较之国有企业）以及地处金融市场化程度欠发达地区的企业而言，高管金融联结对贷款融资数额的正向影响越强。任碧云和杨克成(2018)研究认为提高债务融资能力并改善资本结构是民营上市公司引进金融背景高管人员的重要动因之一。李卓松(2018)认为在金融发展水平较低时,如果公司高管具有金融工作背景,会在企业风险承担较高时获得较低成本的债券融资。此外,杜勇等(2019)研究认为 CEO 金融背景对企业金融化具有显著的正向影响,通过提高 CEO 自信程度和缓解融资约束来促进企业金融化,并且在国有企业和制度环境较好的企业中,CEO 金融背景对企业金融化的正向影响更为明显。鉴于这些学者的研究,本论文引入高管金融背景作为研究变量,并且将结合银行业结构进行分析。

5)其他控制变量

参照以往研究,本章模型中还加入了企业特征等方面的控制变量,具体为,企业营收(Income)、净资产收益率(ROE)、资产规模(Size)、流动比率(LR)。此外,还控制了行业(Ind)固定效应,以及采用上市年龄(Age)变量来对年度固定效应进行控制。各变量的具体定义见表 5.1。

表 5.1 变量定义表

变量	符号	定义
负债权益比率	Equity_R	负债合计/所有者权益合计
资产负债率	*L/A*	负债合计/资产总计
企业融资结构	Financing_Str	借款收到的现金/(借款收到的现金+吸收投资收到的现金①)
宏观金融结构	Fin_SS	参见 3.2.2 节的表 3.1 中的宏观金融结构演化的三种测算指标
	Fin_SA	
	Fin_SE	

① 根据直接法编制的现金流量表,吸收投资收到的现金包含两个部分,一是吸收权益性投资收到的现金,如增发、配股等;二是发行债券收到的现金。

续表

变量	符号	定义
银行业结构	HHI	参见 3.3.1 节银行业市场结构指标测算方法
	CR_4	
	CR_8	
	Bank_Own1	参见 3.3.2 节银行业产权结构指标测算
	Bank_Own2	
金融资产供给结构	Supply_Str	采用"债券发行额+股票筹资额+境外资产净购买"与"信贷规模+活期存款增量"
产权性质	Nature	国有 Ownership=1,民营及其他 Ownership=0
高管金融背景	Backgr	公司高管中是否有金融机构背景,有则 Backgr=1,否 Backgr=0
企业营收	Income	企业营业总收入的自然对数
净资产收益率	ROE	净利润/所有者权益
资产规模	Size	资产总额的自然对数
流动比率	LR	流动资产/流动负债
上市年龄	Age	2020—上市年份
行业	Ind	证监会《上市公司行业分类指引》(2012 年修订)

5.3.3 模型设定

为了研究金融结构"双重主导型"特征背景下企业融资选择的问题,本书从多维度对金融结构演化进行测度,据此对企业财务结构进行分析。在前文基础之上,本章节采用非平衡面板数据构建如下基准模型。

$$CFS_{it}=c+\alpha X_{it}+\beta Z_{it}+\mu_{it}+\varepsilon_{it} \tag{5.22}$$

上述公式中,i 代表企业,t 代表年份;CFS_{it} 表示 i 企业 t 年的企业财务结构,对于 CFS_{it} 的测度,本书选取了负债权益比率(Equity_R)、资产负债率($L/$

A)、企业融资结构(Financing_Str)三个指标。X_{it} 表示前文提出的各解释变量，主要为金融结构演化的测度变量，以及。Z_{it} 为控制变量，μ_{it} 表示不可观测个体效应，ε_{it} 表示随机误差项。

为了定量识别银行业结构演化是否会对企业的产权结构(Nature)、高管金融背景(Backgroud)与企业财务结构之间的关系产生调节效应，本章节采用交互作用模型，引入银行业结构(包含市场结构与产权结构两个方面)演化的调节变量与企业产权结构、高管金融背景的交互项，用以分析调节机制，具体模型如下：

$$CFS_{it}=c+\alpha X_{it}+\gamma Y_{it}+\varphi X_{it}*Y_{it}+\beta Z_{it}+\lambda_{it}+\varepsilon_{it} \tag{5.23}$$

式(5.23)中，Y_{it} 为调节变量；$\varphi X_{it}*Y_{it}$ 为企业的产权结构、高管金融背景与调节变量的交互项。如果 φ 在显著性水平下显著且与 α 的符号一致，说明调节变量对金融结构演化与企业财务结构之间的关系产生正向调节效应；如果 φ 在显著性水平下显著且与 α 的符号相反；说明调节变量产生负向调节效应；如果 φ 在显著性水平下不显著，则调节变量无调节效应。

5.3.4 描述性统计

表 5.2 报告了通过上下 1% 的 Winsorize 处理之后，主要变量的描述性统计结果。其中，负债权益比率(Equity_R)均值为 1.168，最小值为-1.769 9，最大值为 10.003 5，标准差为 1.499 1，表示样本企业的负债规模是所有者权益的 1.168 倍，且不同企业之间存在较大差异。企业融资结构(Financing_Str)均值为 0.867 2，最小值为 0.000 1，最大值为 1，表示银行信贷融资额占企业本年度所有融资额的 86.72%，说明银行信贷是上市公司日常经营中最常用的资金。企业的产权结构(Nature)均值为 0.506 8，说明样本内国有产权上市公司与非国有产权上市公司的数量相当。高管金融背景均值为 0.542 4，说明过半数上市公司的高管具有金融机构背景，通过对样本数据观察，这一数据是呈现上升趋势的，可能原因是高管金融背景确实对上市公司投融资产生重要影响，故而上市公司会有这方面的考虑。

表 5.2 主要变量的描述性统计

Variable	Obs	Mean	Std. Dev.	Min	Max
Equity_R	42 881	1.168 0	1.499 1	-1.769 9	10.003 5
L/A	42 881	0.451 0	0.225 5	0.053 5	1.258 1
Financing_Str	40 200	0.867 2	0.250 9	0.000 1	1
Fin_SS	42 881	0.444 5	0.107 3	0.246 5	0.873 6
Fin_SA	42 881	4.419 5	2.133 5	0.302 1	7.843 2
Fin_SE	42 881	1.668 9	0.544 0	0.434 7	2.862 3
Supply_Str	42 881	0.761 8	0.373 4	-0.0102	1.764 8
HHI	33 029	0.074 2	0.029 2	0.055 8	0.198 9
CR_4	33 029	0.472 9	0.078 2	0.410 0	0.730 0
CR_8	33 029	0.643 5	0.079 6	0.520 0	0.880 0
Bank_Own1	33 029	0.513 8	0.069 9	0.450 0	0.680 0
Bank_Own2	33 029	0.616 7	0.054 1	0.560 0	0.760 0
Nature	42 881	0.506 8	0.500 0	0	1
Backgr	42 881	0.542 4	0.498 2	0	1
LR	42 881	2.274 7	2.444 7	0.210 9	16.106 7
ROE	42 881	0.049 8	0.200 9	-1.271 4	0.617 9
Size	42 881	9.458 5	0.569 6	8.281 2	11.209 5
Income	42 816	9.143 0	0.670 1	7.381 4	10.973 9
Age	42 881	16.833 0	7.677 2	0	30

5.4 实证结果分析

5.4.1 金融结构市场化对企业融资选择的影响

考察负债权益比率(Equity_R),宏观金融结构的规模水平(Fin_SS)、活力水平(Fin_SA)、效率水平(Fin_SE)分别在5%、10%、1%的显著性水平上通过检验,其中Fin_SS、Fin_SE在更低的显著性水平上系数为负数,说明以规模和效率衡量的金融结构市场化提升会促使上市公司负债权益比率降低,即股票、债券类权益类资本市场规模的扩大、服务效率的提升会促使上市公司权益类资产规模的上升,进而优化企业的财务结构,这一判断与实际情况是一致的。企业融资结构(Financing_Str)在10%的显著性水平上通过检验,结论与上述基本一致,但是其回归模型拟合效果较差,Adj. R^2 仅为0.04,说明结果不可信。金融资产供给结构(Supply_Str)与被解释变量负债权益比率(Equity_R)、资产负债率(L/A)均在1%显著性水平上通过检验,且相关系数均为正值,说明金融结构资产供给结构的市场化演化趋势会促使企业更多地增加权益类资产的融资,而降低企业信贷融资的相对规模,这同样说明了股权、债券类权益市场的发展会优化企业的财务结构。

表5.3　金融结构演化对企业融资选择的影响

	CFS		
	Equity_R	L/A	Financing_Str
Fin_SS	-0.262 2** (-2.39)	0.013 6 (0.94)	-0.038 0* (-1.76)
Fin_SA	0.017 4* (1.87)	-0.001 3 (-1.07)	0.002 0 (1.08)
Fin_SE	-0.135 1*** (-4.25)	-0.002 8 (-0.66)	-0.003 5 (-0.56)
Supply_Str	0.119 4*** (4.91)	0.045 5*** (14.23)	-0.009 2* (-1.91)
Size	0.401 8*** (14.85)	0.079 9*** (22.47)	-0.007 8 (-1.46)
Income	0.195 4*** (8.7)	-0.024 1*** (-8.15)	0.007 8* (1.76)
LR	-0.106 7*** (-36.7)	-0.047 8*** (-125.03)	-0.000 9 (-1.59)

续表

	CFS		
	Equity_R	*L/A*	Financing_Str
ROE	−2.772 6*** (−86.42)	−0.114 3*** (−27.1)	0.008 0 (1.25)
Nature	0.047 6*** (2.93)	0.000 1 (0.00)	−0.001 7 (−0.51)
Backgroud	0.075 8*** (5.12)	0.017 7*** (9.12)	0.000 7 (0.23)
Age	控制	控制	控制
Ind	控制	控制	控制
常数项	−3.973 3*** (−25.14)	−0.049 9** (−2.4)	0.833 9 (26.72)
Obs	40 138	40 138	40 138
Adj. R^2	0.315	0.468	0.040

注:①括号内报告的是 t 统计量 t 值;

② ***, **, * 分别表示在 1%、5%、10% 显著性水平上拒绝原假设。

5.4.2 银行业市场结构对企业融资结构的影响

表 5.4 报告了银行业市场结构对企业融资结构的影响的实证结果。首先,以负债权益比率(Equity_R)作为被解释变量用以考察企业财务结构,实证结果显示企业的产权结构(Nature)在 1% 的显著性水平上通过假设检验,且相关系数为 0.085,说明国有企业的产权性质有助于上市公司筹措到更多的银行信贷资金,即促使负债权益比率上升。而当进一步以银行业结构演化趋势作为调节变量时,即考察赫芬达尔指数(HHI)的影响时,均在 1% 的显著性水平上通过检验,说明在中国银行业呈现大型银行主导的结构背景下,国有企业的产权属性有利于企业获取更多的银行信贷资源。此外,对于高管金融背景,虽然未能通

过假设性检验，但是其与赫芬达尔指数(HHI)交互项却均在5%的显著性水平上通过检验，且呈现正相关关系，说明在大型银行、国有银行主导的银行业结构背景下，高管金融联结对企业贷款融资行为有显著影响，有助于企业获取更多的银行信贷，这一结论与冯晓雷等(2013)、陈仕华和何马超(2013)、任碧云和杨克成(2018)的研究一致。

其次，以资产负债率(*L/A*)作为被解释变量用以考察企业财务结构，实证结果与负债权益比率(Equity_R)的结果一样，均表明在中国银行业呈现大型银行主导的结构背景下，国有企业的产权属性、高管金融背景皆有利于企业获取更多的银行信贷资源。最后，以企业融资结构(Financing_Str)为被解释变量用以考察企业财务结构，实证结果不理想，模型拟合效果不佳(Adj. $R^2=0.039$)，其可能的原因在于该变量的设定存在一定的问题。虽然如此，但不影响负债权益比率(Equity_R)、资产负债率(*L/A*)的实证分析结果。

表5.4 银行业市场结构对企业融资结构的影响

	被解释变量					
	Equity_R		*L/A*		Financing_Str	
	(1)	(2)	(3)	(4)	(5)	(6)
Nature	0.085*** (4.13)		0.008*** (2.97)		−0.001 (−0.15)	
Nature * HHI		1.070*** (5.07)		0.170*** (6.35)		−0.086** (−2.39)
Backgr	0.006 (0.39)		0.005** (2.47)		−0.001 (0.35)	
Backgr * HHI		0.493** (2.42)		0.181*** (6.69)		−0.025 (0.58)
Size	0.379*** (8.66)	0.394*** 8.96)	0.062*** (13.07)	0.065*** (13.59)	−0.009* (−1.52)	−0.010* (−1.67)

续表

	被解释变量					
	Equity_R		L/A		Financing_Str	
	(1)	(2)	(3)	(4)	(5)	(6)
Income	0.178*** (4.22)	0.174*** (4.11)	-0.004 (-0.88)	-0.006 (-1.19)	0.007 (1.41)	0.008 (1.59)
LR	-0.098*** (-33.23)	-0.098*** (-33.07)	-0.044*** (-75.84)	-0.044*** (-75.79)	-0.001 (-1.31)	-0.001 (-1.38)
ROE	-2.558*** (-24.69)	-2.564*** (-24.74)	-0.131*** (-15.35)	-0.132*** (-15.47)	0.011 (1.51)	0.012 (1.56)
Age	控制	控制	控制	控制	控制	控制
Ind	控制	控制	控制	控制	控制	控制
常数项	-3.741*** (-18.88)	-3.857*** (-19.52)	-0.040 (-1.63)	-0.058 (-2.35)	0.825*** (23.66)	0.828*** (23.71)
Obs	32 993	32 993	32 993	32 993	30 617	30 617
Adj. R^2	0.321	0.321	0.510	0.512	0.039	0.039

注:①括号内报告的是 t 统计量 t 值;

② ***, **, * 分别表示在 1%、5%、10% 显著性水平上拒绝原假设。

5.4.3 银行业产权结构对企业融资结构的影响

表 5.5 银行业产权结构对企业融资结构的影响

	被解释变量					
	Equity_R		L/A		Financing_Str	
	(1)	(2)	(3)	(4)	(5)	(6)
Nature	0.085*** (3.98)		0.006*** (2.15)		-0.001 (-0.15)	

续表

	被解释变量					
	Equity_R		*L/A*		Financing_Str	
	(1)	(2)	(3)	(4)	(5)	(6)
Nature * Bank_Own1		0.197 *** (5.04)		0.021 *** (4.32)		-0.006 (-0.94)
Backgr	0.011 (0.68)		0.005 *** (2.5)		-0.001 (0.35)	
Backgr * Bank_Own1		0.054 ** (1.81)		0.014 *** (4.14)		0.000 (-0.07)
Size	0.373 *** (8.18)	0.380 *** (8.34)	-0.044 *** (-72.25)	-0.044 *** (-72.22)	-0.009 * (-1.52)	-0.009 (-1.53)
Income	0.183 *** (4.17)	0.178 *** (4.08)	-0.130 (-14.74)	-0.130 (-14.77)	0.007 (1.41)	0.007 (1.46)
LR	-0.100 *** (-32.02)	-0.100 *** (-31.96)	0.060 *** (12.08)	0.060 *** (12.21)	-0.001 (-1.31)	-0.001 (-1.32)
ROE	-2.555 *** (-23.81)	-2.557 *** (-23.83)	-0.003 *** (-0.68)	-0.004 *** (-0.84)	0.011 (1.51)	0.011 (1.51)
Age	控制	控制	控制	控制	控制	控制
Ind	控制	控制	控制	控制	控制	控制
常数项	-3.735 *** (-18.20)	-3.776 *** (-18.49)	-0.022 (-0.85)	-0.024 (-0.96)	0.825 *** (23.66)	0.824 (23.67)
Obs	30 617	30 617	30 617	30 617	30 617	30 617
Adj. R^2	0.317	0.317	0.511	0.505	0.039	0.039

注:①括号内报告的是 t 统计量 t 值;

② ***, **, * 分别表示在 1%、5%、10% 显著性水平上拒绝原假设。

表 5.5 报告了银行业产权结构对企业融资结构的影响的实证结果。首先,以负债权益比率(Equity_R)作为被解释变量用以考察企业财务结构,以及国有

银行产权结构(Bank_Own1)作为调节变量,实现了在1%的显著性水平上通过检验,说明在国有银行主导的银行业结构背景下,国有企业的产权属性(Nature)有利于企业获取更多的银行信贷资源。并且在考察高管金融背景时,也得出了类似的结论。同样的,采用资产负债率(L/A)作为被解释变量得出了与负债权益比率(Equity_R)一样的研究结论,再一次验证了学者们的研究(李芸达和范丽红,2012;陆正飞 等,2015;陈仕华、何马超,2013;任碧云和杨克成,2018)。

5.4.4　稳健性检验

为了确保前文结果的稳健性,本章节还做了如下稳健性检验:(1)虽然前文以 CR_4 作为解释变量,但是结合中国银行业的发展情况,通常认为是5大国有商业银行:中国工商银行、中国建设银行、中国农业银行、中国银行、中国交通银行,其资产规模占45%以上,为进一步分析包含其他非国有大型商业银行在内的银行垄断特征对企业融资选择的影响,故以 CR_4 作为银行业市场结构(HHI)的检验变量,但是结果并未显示出较为明显的差异。(2)由于中国政策性银行的规模(开发银行、农业发展银行、进出口银行)也比较大,由2007年的0%规模占比增长为2020年的12%,因此在分析时不可避免地要对其进行考虑,因此将政策性银行认定为具有国有产权属性的银行,构建银行业产权结构指标(Bank_Own1)的替代检验变量(Bank_Own2),结果也是稳健的,与采用Bank_Own1的检验结果没有明显差异。

5.5　本章小结

中国金融结构具有较为明显的“双重主导”的结构特征,一方面体现为银行主导型的金融结构,这是从“二元”金融结构演化的角度做出的判断,反映的是

“货币多、资本少”的金融资产供给结构问题；另一方面体现为国有性质银行主导的银行业结构，这是从产权属性角度做出的判断，反映的是金融资产定向配置的问题。作为金融资产的需求主体，企业的融资选择、融资结构也必然会受金融结构及其资产供给特征等外部因素的影响，本章节对金融结构“双重主导”特征下的企业融资选择问题进行分析，主要研究内容如下：

首先，对企业融资选择机理进行分析。对于股权融资与债权融资如何选择，本书认为关键在于如何在不确定条件下对风险和收益进行权衡，为此以企业项目投资为例，考察了在项目风险不确定、项目成功概率不确定的条件下，企业该如何进行股权或债权融资。通过构建数理模型对企业如何进行融资选择进行分析，主要结论有：(1)项目投资风险越大，企业越倾向于选择股权融资方式，反之项目投资风险越小，企业越倾向于选择债权融资方式；(2)不管是股权融资还是债权融资，企业固定资产价值都是投资机构关注的重要指标，风险越大的投资项目越是需要提供更多的固定资产作为融资担保品，以降低投资者的投资风险；(3)对企业而言，具有较高固定资产价值会使得企业在股权占比、利息支付等方面具有竞争力，从而促进融资成本的降低。需要说明的是，此处研究所涉及的固定资产价值、抵押品折旧率、项目风险大小等因素均是第 6 章节构建双边匹配评价指标体系的重要参考。

其次，对我国上市公司融资现状进行研究。一是对金融结构演化影响企业融资的途径进行分析，鉴于我国金融结构的银行主导特征，本书认为银行信贷规模调整是我国货币政策的传导机制中最主要的传导渠道。金融结构的演化最终会通过金融资产供给来引导或影响企业的投融资选择，即通过货币政策对企业的融资行为和融资结构调整的影响，故而调节银行系统的信贷规模是调控实际经济的主要货币政策手段。二是对中国上市公司融资结构现状分析，总体而言不管是银行信贷类资产，还是 IPO、增发、配股等股权类资产均呈现快速增长的趋势，但是银行信贷类资产一直是我国上市公司融资的主要金融资产类型。

最后，采用实证方法研究金融结构的"双重主导"特征对企业融资选择的影响。一是金融结构市场化对企业融资选择的实证分析，结果表明以规模和效率衡量的金融结构市场化提升会促使上市公司财务结构优化，即负债权益比率（Equity_R）、资产负债率（L/A）降低，股票、债券等资本市场规模的扩大、服务效率的提升会促使上市公司权益类资产规模的上升，这一判断与实际情况是一致的。二是银行业市场结构对企业融资结构的影响的实证分析，表明国有企业的产权性质有助于上市公司筹措到更多的银行信贷资金，即促使负债权益比率上升，进一步研究银行业市场结构演化的调节作用，结果表明大型银行主导的银行业市场结构背景下，国有企业的产权属性、高管金融背景皆有利于企业获取更多的银行信贷资源。三是银行业产权结构对企业融资结构的影响的实证分析，结果表明在国有银行主导的银行业产权结构背景下，国有企业的产权属性、高管金融背景也均有利于企业获取更多的银行信贷资源。

第六章

6

企业融资选择的双边匹配机制设计

正如前文所述,金融与经济协调发展命题中实际包含了供需理论中的“均衡”观念,抑或是决策理论中的“匹配”观念,虽然金融发展与经济发展之间的关系一直处于动态变化之中,会在不同的经济发展阶段、经济金融政策环境下各有偏重,但是两者之间会自发或非自发地实施改进优化,渐进地实现“均衡”或“匹配”的状态。企业作为经济发展中最重要的经济个体,其融资选择行为的实际上表征了经济发展的金融资产需求行为,因此金融资产供需均衡的问题可从金融资产供给主体(资本市场、银行市场等)与金融需求主体(企业部门)两个方面去研究。鉴于此,本章尝试基于双边匹配(Two-sided Matching)决策理论,兼顾供需双方的诉求,从更加微观的视角研究金融资产供给与金融资产需求如何实现稳定配置,进而实现金融与经济的协调发展。

6.1 金融领域双边匹配决策文献评述

双边匹配决策是指在决策过程中需要充分考虑各方匹配主体的满意度要求,尽量使双方主体形成稳定的匹配对,其目的在于通过合理的匹配方法,使双方主体都达到满意的结果。金融领域是双边匹配决策的天然研究场所,国内外已有不少基于双边匹配理论对投融资决策的研究,主要涉及风险投资项目、银行信贷、企业并购等领域。金融投资属于典型的双边匹配问题,在投融资实践中,投资者会严格考察被投资项目的预期收益、风险水平、投资回报期等因素,以寻求自身投资效用最大化(即投资风险、投资收益的个体帕累托最优);融资主体也会从资金规模、投资期限、信用水平等角度筛选合适的投资人,也具有效用最大化的动机(希望支付较低的融资成本,拥有较长的资金占用时间等)。

金融投资领域中风险投资匹配是一种最经典的双边匹配模式,最好的风险投资商期望选择最好的风险投资项目,同时风险投资项目也倾向于选择最合适的风险投资商。Sorensen(2007)最先对风险投资商与风险投资项目的双边匹配问题进行了定量研究,并且构建双边匹配结构模型,解释了双边匹配决策对于投资项目的价值增值影响，并且他还采用马尔可夫链蒙特卡罗方法，验证了双边匹配模式对风险投资商与风险投资项目都存在正向的促进效应。张米尔和王德鲁（2003）研究了企业产业转型过程中的投资主体与项目投资的双边匹配决策问题，对投资主体的特征、项目投资机会、项目成功引资等进行了估算，在此基础上建立了投融资的双边匹配矩阵，较为直观地对投融资问题进行了描述以及投资方向的选择。

曹国华（2009）构建了双边匹配博弈模型，分析了风险投资家和创业者如何建立双向选择的投资关系，进而实现自身效用最大化。进一步研究发现该双边匹配博弈模型中确实存在唯一、稳定的均衡解，在这样的均衡状态下，双方匹配主体的选择都实现了最优。陈希（2010）针对风险投资商与风险企业的双边匹配问题，给出了一种基于公理设计的匹配决策分析方法。万树平、李登峰（2014）研究了具有不同类型信息的风险投资商与投资企业的双向选择问题，构建了多指标评价匹配模型，并给出了一种多指标双边匹配决策方法。吴凤平（2016）对互联网金融背景下风险投资双边匹配选择问题进行了研究，分析了风险投资者与风险企业在双向选择时的心理期望，提出了一种基于前景理论的风险投资双边匹配决策模型。阮拥英（2017）以中国创业板上市公司为样本进行了实证研究，认为创投与创业企业的稳定匹配关系着创投市场的稳定与发展。文胜（2006）、袁开洪（2008）等人研究了商业银行信贷匹配问题，对目标信贷客户及非目标信贷客户的进行区分，提出可以通过公布银行信贷方案、设立中央化匹配清算所以及非目标客户信贷中心等方法，提高非目标客户信贷市场的运行效率和稳定性。

金融领域的双边匹配研究主要集中于风险投资决策问题，其研究出发点均是探究风险投资者与风险企业如何实现稳定匹配，最大的区别在于采用匹配对实现的算法不一样。经济学派学者倾向于采用基于博弈论、矩阵分析构建的匹配算法，管理科学学派学者则更侧重于采用公理设计、前景理论来构建多指标评价匹配模型，都具有其合理性和科学性。此外，不妨从“金融资源观”的视角来分析风险投资决策问题,将其视为金融资产的配置问题,金融资产供给主体如何选择金融资产需求主体,而金融资产需求主体又如何选择金融资产供给主体,两个主体之间是一种双向选择的问题,其最终目标是实现金融资产的最优化配置。

6.2 双边匹配模型的构建过程

借鉴陈希、樊治平(2010、2012)提出的基于公理设计的匹配决策分析方法,分别从金融资产供给主体、金融资产需求主体出发,建立投融资指标体系,解析参与主体期望收益与实际收益的契合度,构建基于金融资产配置总体效用最大化的双边匹配模型。

6.2.1 双边匹配决策理论概述

双边匹配的研究源自古典的婚姻匹配问题,最早研究匹配概念的是美国学者 Gale 和 Shapley,他们在 1962 年提出了婚姻匹配和学生入学匹配的决策问题,代表了双边匹配决策思想的萌芽。1985 年哈佛大学经济学教授 Alvin E. Roth 提出了双边匹配的概念,界定了“双边”和“双边匹配”的内涵,并分析了双边匹配的现实案例。随后学者们对古典的双边匹配问题进行了深入研究,从理论上完善、补充和扩展了 Gale-Shapley 双边匹配算法(G-S 算法)。双边匹配是指在决策过程中,决策双方需要充分考虑各匹配主体的满意度要求,通过合理的匹配方法,尽量使双方主体之间形成稳定的匹配关系,进而使双方主体都达到满意的结果。现实社会、经济活动的决策过程中,需要把参与活动的一方与另一方匹配起来,双边匹配的过程中需要分别考虑每一方的满意度偏好信息,匹配的核心要求是期望获得稳定的匹配结果(陈希,2010;陈希和樊治平,2010、2012)。

双边匹配决策过程中需要考虑参与决策的双方主体，设一方主体为 $M=\{m_1,m_2,m_3,\cdots,m_n\}$，$m_i$ 表示 M 中的第 i 个个体；另一方主体为 $W=\{w_1,w_2,w_3,\cdots,w_k\}$，$w_j$ 表示 W 中的第 j 个个体。个体 m_i 对集合 W 中的个体具有满意度偏好信息，个体 w_j 对集合 M 中的个体也具有满意度偏好信息，需要根据双方主体的偏好信息，找到合理的匹配结果 $\mu=(\{m_1,w_{p1}\},(m_2,w_{p2}),(m_3,w_{p3}),\cdots,(m_n,w_{pk}))$，其中，$\{p_1,p_2,p_3,\cdots,p_k\}$ 为 $1-k$ 的一个自然数排列。不同主体的匹配问题如图 6.1 所示，个体 $\mathrm{m_i}$（一个节点）和个体 w_j（另一个节点）之间的连线（或弧）表示有向的两个权值，这两个权值的含义分别代表 m_i 对 w_j 的满意度和 w_j 对 m_i 的满意度。双边匹配的目的就是确定连接节点之间的匹配关系，使得不同匹配主体的满意度（权值）尽可能最大（形成稳定匹配解）。因此，稳定匹配问题可以转化为最大化线性目标函数的线性规划问题。

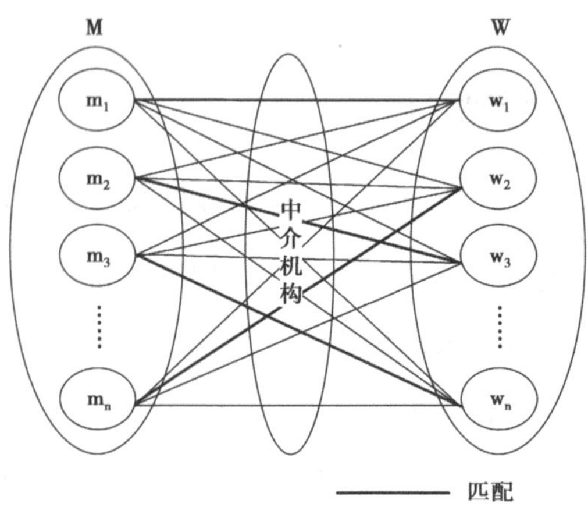

图 6.1　双边匹配决策示意图

双边匹配决策通常具有以下三个特点：一是双边主体不仅要了解自身的实际情况，还需要对另一边有明确的要求，并将这两类信息提交给中介服务机构；二是匹配结果必须同时满足双边主体的要求，这样才是一个稳定的匹配结果。此外，中介服务机构对于一个双边匹配决策并不是必需的，但是中介服务机构的存在会便利匹配决策的开展，如婚姻匹配中的婚介平台、求职匹配中的职介平台、投融资匹配中的金融服务中介等。

6.2.2 双边匹配模型构建的基本思路

本研究偏重于管理科学学派的研究视角,可参照下列思路构建多指标评价信息的双边匹配模型,研究框架如图 6.2 所示。

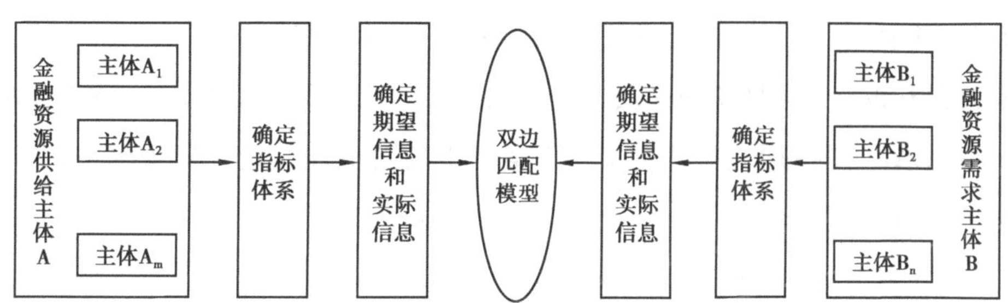

图 6.2 多指标评价信息的双边匹配的研究框架

步骤一:确定供需匹配主体,中介服务机构根据已经掌握的金融资产供给主体 A 与金融资产需求主体 B 的信息,建立供需主体数据库。此外,伴随着每一轮匹配过程的结束,以及新的供给主体或需求主体的加入,供需主体数据库的信息容量、双边主体数量都会发生相应的变化。

步骤二:确定金融资产供需主体的匹配指标体系。根据各方匹配主体的投融资特征,以及供需主体合作的基本诉求,来确定各供需主体匹配时的指标体系。不同的投融资主体具有不同的合作要求,因此会产生不同的供需匹配指标体系。

步骤三:确定各主体供需匹配指标的期望信息和实际信息,中介服务机构在匹配前收集各供需主体的指标信息,一般包括两类信息:一是供需主体在该指标体系下的实际信息;二是供需主体在该指标体系下对另一边的期望信息。

步骤四:构建供需主体的匹配模型。在确定了供需主体各自的指标体系,以及期望信息和实际信息之后,计算出各供需主体的指标满意度,在尽可能满足各供需主体诉求的基础上,构建供需主体匹配模型,最后再采用某一算法求解最优匹配结果。

6.2.3 基于公理化设计的信息容量计算

公理设计是美国麻省理工学院 Suh 教授通过对大量成功设计实例进行分析与归纳并抽象出设计过程的本质，提出的一种设计理论，其包含的主要概念有：域、映射、层次结构、两条设计公理。该理论认为，设计是一个自顶向下的过程，通过从设计抽象概念的高层次到详细细节的低层次逐步展开，并在各个域中进行设计问题的求解，进而减少方案搜索的随机性与设计的重复性（Suh，1990、1995、2001）。

1）信息公理的数学描述

在公理化设计的映射过程中，要做出正确的设计决策必须用两条基本设计公理来评价设计方案的好坏和优劣。公理设计理论的核心包括独立公理和信息公理两条设计公理：

独立公理要求保持功能性要求的独立性，表明各功能要求与其设计参数之间的关系。当系统存在两个以上的功能要求时，设计方案必须既要确保每一个功能要求得到满足，又要确保各个功能要求之间不会相互影响。这就要求在选择设计参数时，既要满足功能要求，又要保持各功能要求之间的相互独立。通过分析功能要求与对应的设计参数之间的关系，来判断功能要求之间是否相互独立。保持功能要求的相互独立，可以使满足设计目标特性的功能要求最少，进而确保设计产品结构最简单。对于同一个设计任务，不同的设计者可能会给出不同的设计方案，并且假定这些设计方案都能够满足独立性公理。

那么，在众多设计方案中如何选出最优的设计方案？信息公理提供了对给定设计的定量评价的方法，并且使从这些设计方案中选出最优方案成为可能。在满足独立公理的设计中，信息公理则用来对设计方案进行评价和比较，运用信息公理计算得到信息总容量最小的方案就为最佳方案，为决策分析提供了依据。从概率角度出发，信息公理认为成功概率最高的设计就是最好的设计方案，公理化设计中信息含量 I_i 定义为：

$$I_i = \log_2\left(\frac{1}{P_i}\right) = -\log_2 P_i \tag{6.1}$$

信息公理认为信息量最少的设计是最好的设计，即要实现设计目标所需要的信息量最少。I_i 与 P_i 之间是反向关系，设计参数 DP_i 满足功能要求 FR_i 的概率越大，信息含量 I_i 越小。当所有的功能要求被满足而概率都等于 1 时，其需要的信息含量为零；相反，当一个或几个概率为零时，则需要的信息含量就是无穷多，函数图像大体如下：

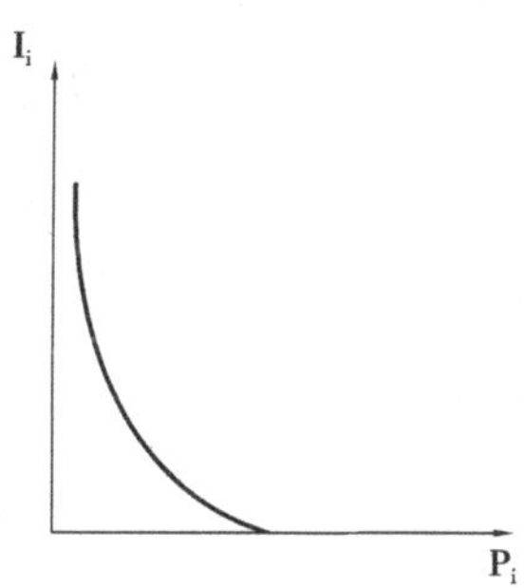

图 6.3　信息含量概率函数

上式中，P_i 为设计参数 DP_i 满足功能要求 FR_i 的概率。那么，对于有 m 个功能要求的系统，依据独立性公理，所有功能要求之间相互独立，那么此时系统信息总量可以表示为：

$$I_{sys} = \sum_{i=1}^{m} I_i = -\sum_{i=1}^{m} \log_2 P_i \tag{6.2}$$

信息含量是方案设计复杂性的重要判断依据，一个复杂的系统通常需要较多的信息才能满足功能要求。如果一个设计的成功概率较低，那么该设计为一个复杂设计，它满足功能要求所需的信息量就相对较多。此外，一个系统虽然结构较为庞大，但是它的信息含量较低，那么它就不是一个复杂系统；相反，一个系统虽然结构较小，但是它的信息含量较高，那么它就很可能是一个复杂的系统。也就是说系统的复杂性和结构大小是两个不同的概念，之间并不是必然的关系。此外，设计的成功率的高低，还与组件数目相关，就一个制造系统而言，如果一个产品的功能要求的公差范围很小，即设计精度较高。当组件数目较多时，相应的设计方案的精度要求也高，那么系统设计成功的概率就低，因为当零件的数目增加时，不满足功能要求的可能性组件也相应增加。

系统复杂性与系统设计功能要求的设计范围密切相关。通常而言，设计范围越小，可供选择的设计方案就越少，由此使得系统满足功能要求的可能性就越小。一个规模较大系统通常需要满足较多的功能要求，并且需要将众多零（部）件组装在一起才能达到一个功能要求时，必然要求每个零（部）件所允许的设计公差很小，因此较为复杂。根据信息公理的基本要求，系统设计应该在确保实现所有功能要求的前提下，尽可能地使设计简单化。事实上，由设计者自行定义的满足功能要求的设计范围，以及系统工作能力的系统范围，来估算设计成功的概率范围。设计成功的概率是指设计方案最终达到系统范围并满足设计者想要达到的设计范围的程度，即设计满足功能要求的概率为系统范围和设计范围的重叠部分，即共同范围，如图 6.3 所示。概率的计算公式可表示为：P＝共同范围面积/系统范围面积。

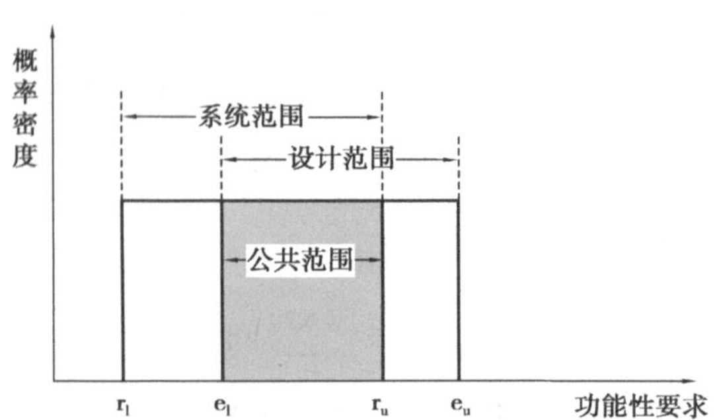

图 6.4　设计范围、系统范围和公共范围的示意图

信息公理为多指标决策分析提供了设计依据，设定系统范围为：$\bar{r}=[r_l,r_u]$，表示匹配主体 A 的实际水平对应于指标 C 的一个结果（即指标值），r_l 和 r_u 分别为区间数 $\bar{r}$ 的上下边界值。设定设计范围为：$\bar{e}=[e_l,e_u]$，表示匹配主体 B 的实际水平对应于指标 C 的一个结果（即指标值），e_l 和 e_u 分别为区间数 $\bar{e}$ 的上下边界值。另外，$[e_l,r_u]$ 为公共范围，表示实际水平与期望水平的重合。

信息公理设计需要考虑设计范围、系统范围，以及公共范围三个参数，这三个参数分别体现决策者期望水平、实际水平、设计范围和系统范围的重叠区域。其中，公共范围恰好体现了各个指标的期望水平和实际水平的匹配程度。设定 P 为成功概率，表示为满足的设计范围和实际的系统范围之间的函数。设计范围与系统范围的重叠面积为可接受解的存在区域，具体的参数关系如图 6.4 所示。此处分别设定：设计范围(S_d)、系统范围(S_s)和公共范围(S_{sd})，参照上式，信息含量的计算公式也可由设计范围与系统范围来表示，如下：

$$I_i = \log_2\left(\frac{1}{P_i}\right) = \log_2\left(\frac{S_s}{S_{sd}}\right) \tag{6.3}$$

根据数据运用信息公理计算得到总信息容量最小的方案就为最佳方案。在基于公理设计的分析过程中，指标的系统范围与设计范围通常为某一区间范围。根据信息含量的定义，最佳设计方案是设计范围与系统范围重合，此时系统功能实现的概率为 1，信息含量为 0。若系统范围未达到设计范围的功能要求时，此时公共范围的面积为 0，表示实际水平未能达到期望水平的要求，即期望水平和实际水平之间没有相交。简言之，可行方案产生与系统范围和设计范围有交集的时候，并且信息总容量最小的方案就为最佳方案。

2）不同属性的评价指标的信息容量

此外，考虑到不同的评价指标 C 的属性特征存在差异的，有些指标是“效益型”的，意味着评价数值越大越好；也有些是“成本型”的，意味着评价数值越小越好；当然还有一种是“区间型”，意味着评价值落于该区间内均是可以接受的。因此需要针对不同的指标属性特征，分别计算其信息容量，具体如下所示：

(1) 当 C 为效益型指标

若 $r_l>e_u$，即实际水平的下限值 r_l 大于期望水平的上限值 e_u，设计范围、系统范围和公共范围的示意图如图 6.5。

虽然此时设计范围与系统范围没有交集，公共范围面积为零，但是由于该指标为效益型指标，所以 $r_l>e_u$ 意味着实际水平必然是优于期望水平，则该指标的信息容量为 0，说明该方案是可行的。

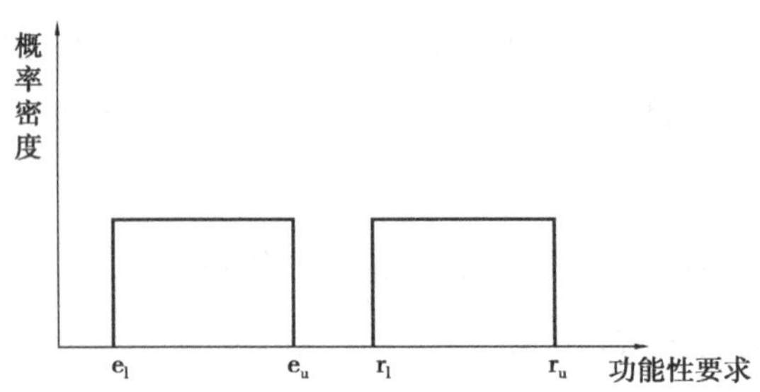

图 6.5　效益型指标信息容量示意图（$r_l>e_u$）

若 $r_u<e_l$ 时，即实际水平的上限值 r_u 小于期望水平的下限值 e_l，设计范围、系统范围和公共范围的示意图如图 6.6 所示。

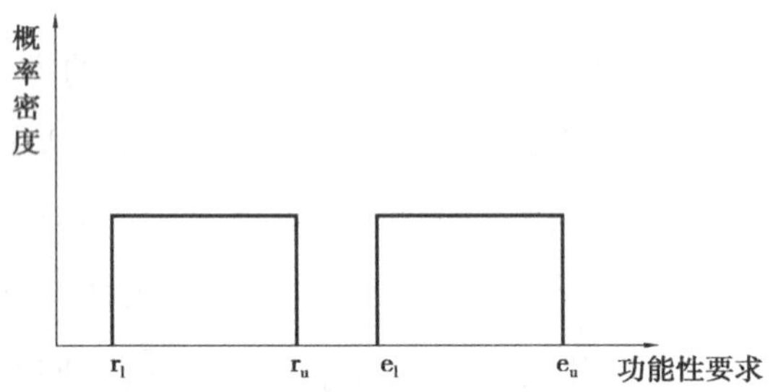

图 6.6　效益型指标信息容量示意图（$r_u<e_l$）

虽然此时设计范围与系统范围也没有交集，公共范围面积为零，但是由于该指标为效益型指标，所以 $r_u<e_l$ 意味着实际水平无法达到期望水平，则该指标的信息容量为∞，说明该方案是不可行的。

对于除 $r_l>e_u$ 与 $r_u<e_l$ 外，设计范围（S_d）、系统范围（S_s）和公共范围（S_{sd}）的示意图如图 6.7 所示。图中设计范围与系统范围均存在重合区域，其信息容量介于 0 与∞。

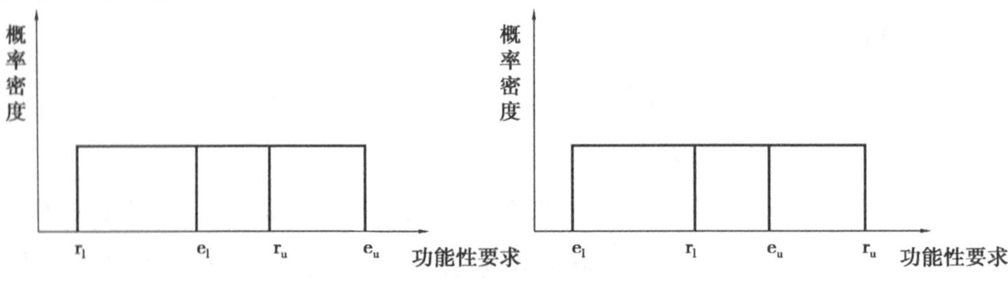

图 6.7　效益型指标信息容量示意图（非 $r_l>e_u$ 与 $r_u<e_l$）

经整理,当 C 为效益型指标时,信息容量的计算公式如下:

$$I(\text{效益型})=\begin{cases}0 & r_1>e_u \\ \infty & r_u<e_1 \\ \log_2\left(\dfrac{S_s}{S_{sd}}\right), & \text{其他}\end{cases} \tag{6.4}$$

(2)当 C 为成本型指标时

若 $r_u<e_1$ 时,即实际水平的上限值 r_u 小于期望水平的下限值 e_1,设计范围、系统范围和公共范围的示意图如图 6.8 所示。

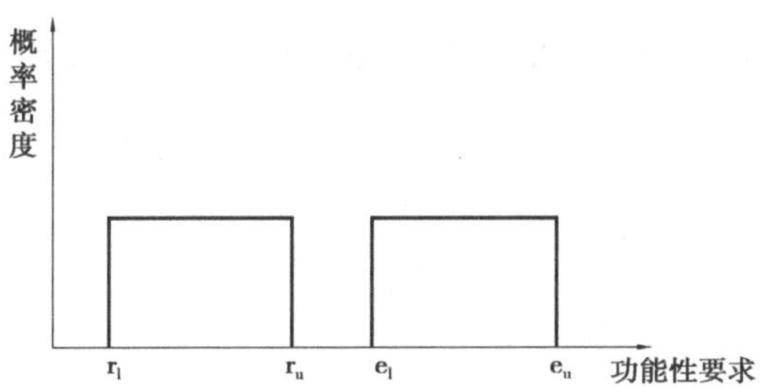

图 6.8 成本型指标信息容量示意图($r_u<e_1$)

虽然此时设计范围与系统范围没有交集,公共范围面积为零,但是由于该指标为成本型指标,所以 $r_u<e_1$ 意味着实际水平必然是优于期望水平,则该指标的信息容量为 0,说明该方案是可行的。

若 $r_1>e_u$,即实际水平的下限值 r_1 大于期望水平的上限值 e_u,此时公共方位面积为零,故而 $r_1>e_u$ 意味着实际水平无法达到期望水平,则该指标的信息容量为∞,说明该方案是不可行的(如图 6.9 所示)。

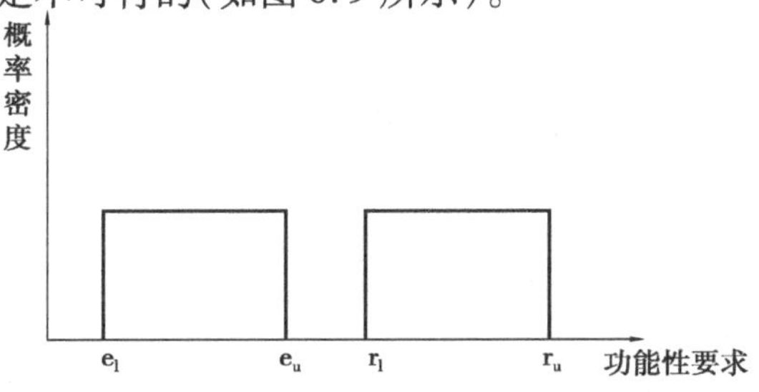

图 6.9 成本型指标信息容量示意图($r_1>e_u$)

此外，除去 $r_u<e_l$ 与 $r_l>e_u$ 以外，系统范围、设计范围和公共范围的示意图如图 6.10 所示，图中系统范围与设计范围均存在重合区域，其信息容量也介于 0 与∞ 。

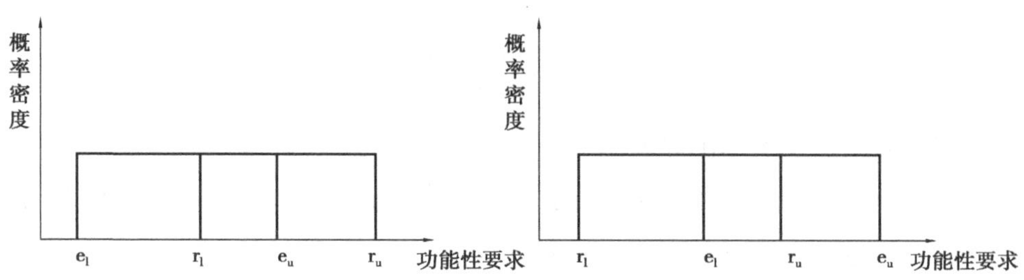

图 6.10 成本型指标信息容量示意图(非 $r_l>e_u$ 与 $r_u<e_l$)

经整理，可以得到成本型指标的信息容量计算公式如下：

$$\mathrm{I}(\text{成本型})=\begin{cases}0 & r_u<e_l \\ \infty & r_l>e_u \\ \log_2\left(\dfrac{S_s}{S_{sd}}\right), & \text{其他}\end{cases} \tag{6.5}$$

(3)当 C 为区间型指标时

区间型指标意味着只有实际水平与期望水平重合时才存在意义，也就是说若 $r_l>e_u$ 或 $r_u<e_l$，此时均不存在设计范围与系统范围的重合区域，即信息容量为∞，方案是不可行的。可以发现，区间型指标的信息容量既具备了成本型指标信息容量特征，又兼顾了收益型指标信息容量特征，是二者的结合。

经整理，可以得到区间型指标的信息容量计算公式如下：

$$\mathrm{I}(\text{区间型})=\begin{cases}\infty & r_u<e_l \\ \infty & r_l>e_u \\ \log_2\left(\dfrac{S_s}{S_{sd}}\right), & \text{其他}\end{cases} \tag{6.6}$$

(4)其他特殊情况

特别地，当系统范围或实际水平退化为一个数值时，如图 6.11 所示。

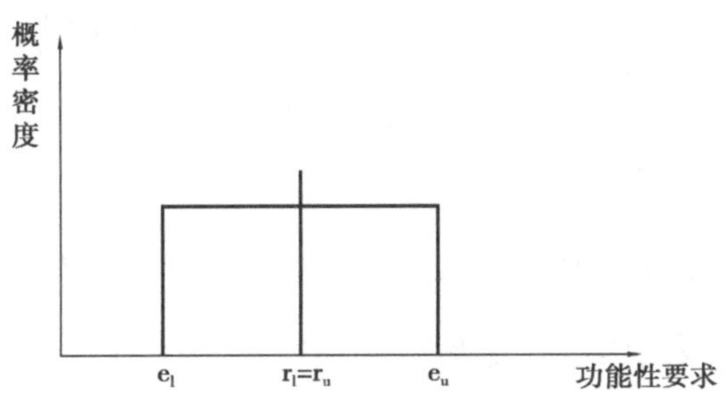

图 6.11　$r_l=r_u$ 时信息容量示意图

则针对指标 C 的信息容量的计算公式为：

$$I=\begin{cases}0, & r_l=r_u\in[e_l,e_u]\\ \infty, & r_l=r_u\notin[e_l,e_u]\end{cases}\tag{6.7}$$

在公理设计的过程中，通过计算满足功能性要求的成功概率，即可比较对应的信息容量，相应的信息容量最小的方案为最佳的选择方案，信息公理为多个方案的分析和比较提供了有效的理论支撑。根据信息公理的基本要求，在方案设计中应努力简化设计工作并建立数理模型，这样既能减少不确定性对设计方案的影响，又能降低功能耦合的概率，进而提高设计方案的成功率。然而，当设计方案中功能要求和设计参数较多，设计者需要对二者进行复杂的数学分析，由此降低设计成功的概率。此外，一个复杂的设计方案中，通常会存在无法计算设计参数满足功能要求的概率的情况，此时只能由设计人员凭借经验判断才能确定设计方案的信息含量。

6.2.4　供需主体的双边匹配过程

金融资产供需双方通常很难具备识别自身及匹配对象的能力，故而必须依靠匹配“中介”。双边匹配决策中通常会存在中介服务机构，收集整理不同匹配主体的指标信息，尽量满足不同匹配主体针对不同的匹配满意度指标的期望水平。论文假定在金融资产供需匹配过程中，存在一个“中介”机构，即金融服务机构，在公平、公正、公开的基本原则之下，负责制定匹配双方的匹配满意度评价指标、期望水平信息与实际水平信息等,客观公正地协助金融资产供需双方制定投融资决策。

1)供给主体的匹配过程

假设在一个匹配决策中,存在 m 个金融资产供给主体,其集合为 $A=\{A_1,A_2,\cdots,A_m\}$,其中 A_i 表示第 i 个金融资产供给主体($i=1,2,\cdots,m$)。另一方为 n 个金融资产需求主体,其集合为 $B=\{B_1,B_2,\cdots,B_n\}$,其中 B_j 表示第 j 个金融资产需求主体($j=1,2,\cdots,n$)。供给主体 A_i 对另一方需求主体 B_j 的匹配满意度评价指标集为 $C=\{C_1,C_2,\cdots,C_f\}$,其中 C_k 表示第 k 个评价指标($k=1,2,\cdots,f$)。

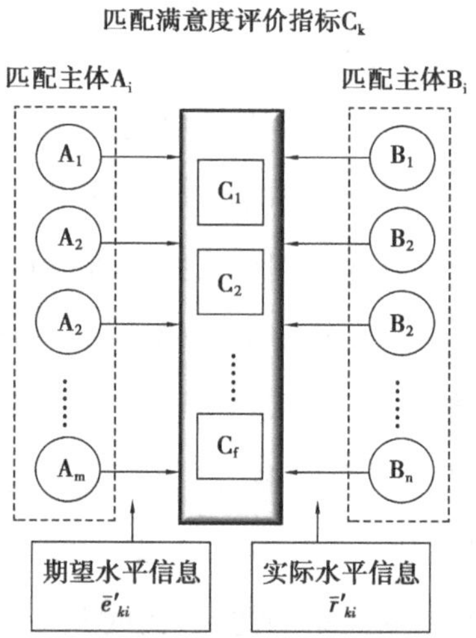

图 6.12　金融资产供给主体 A 的匹配过程示意图

根据图 6.12,金融资产供给主体 A_i 对金融资产需求主体 B_j,在匹配满意度评价指标 C 下的期望水平信息的效率矩阵如下:

$$\overline{E}'=\begin{bmatrix}\bar{e}'_{11} & \bar{e}'_{12} & \cdots & \bar{e}'_{1m}\\ \bar{e}'_{21} & \bar{e}'_{22} & \cdots & \bar{e}'_{2m}\\ \vdots & \vdots & \ddots & \vdots\\ \bar{e}'_{f1} & \bar{e}'_{f2} & \cdots & \bar{e}'_{2m}\end{bmatrix}=[\bar{e}'_{ki}]_{f\times m} \tag{6.8}$$

以 $\bar{e}'_{11}$ 为例,表示供给主体 A_1 对评价指标 C_1 的期望水平信息,$\bar{e}'_{11}$ 包含了下

界 e'^{l}_{11} 与上界 e'^{u}_{11}，即 $\overline{e'_{11}}=[e'^{l}_{11},e'^{u}_{11}]$。

那么，另一方需求主体 B_j 在满意度评价指标 C 下的实际水平信息的效率矩阵如式(6.9)，这里需要说明的是，此处的实际水平是指依据需求主体对外公开的信息所给定的，或是由中介机构对需求主体的实地调研分析所得，反映的是需求主体真实的水平。

$$\overline{R}'=\begin{bmatrix}\overline{r}'_{11} & \overline{r}'_{12} & \cdots & \overline{r}'_{1n}\\ \overline{r}'_{21} & \overline{r}'_{22} & \cdots & \overline{r}'_{2n}\\ \vdots & \vdots & \ddots & \vdots\\ \overline{r}'_{f1} & \overline{r}'_{f2} & \cdots & \overline{r}'_{fn}\end{bmatrix}=[\overline{r}'_{kj}]_{f\times n} \tag{6.9}$$

借助前面得出的收益型指标、成本型指标以及区间型指标的信息容量的计算公式，通过期望水平信息的效率矩阵 $\overline{E}'$ 与实际水平信息的效率矩阵 $\overline{R}'$，即可求得金融资产供给主体 A 对金融资产需求主体 B 在评价指标 C 下的信息总容量 I'_{ij}。

此外，对于不同的决策目的，不同的评价指标的重要性存在一定的差别，故而需加以区分，此处设定 C 的评价指标权重向量为 $w=\{w_1,w_2,\cdots,w_f\}$，其中 w_k 表示指标 C_k 的权重，$0\leqslant w_k\leqslant 1$，且 $\sum\limits_{k=1}^{f} w_k=1$。那么，信息总容量 I'_{ij}的计算公式应为如下所示：

$$I'_{ij}=\sum_{k}^{f} I'_{fij}w_k \tag{6.10}$$

$$I'_{fij}=\log_2\left(\frac{S_s}{S_{sd}}\right)_{fij},I'_{fij}\neq\infty \tag{6.11}$$

至此，信息总容量 I'_{ij}所表征的是金融资产供给主体实现帕累托最优，但是由于金融资产配置是一个双向选择的决策问题，故还需对金融资产需求主体的帕累托最优化进行分析。

2)需求主体的匹配过程

同理，金融资产需求主体 B_j 对金融资产供给主体 A_i 的匹配满意度评价指

标集为 $X=\{X_1,X_2,\cdots,X_h\}$，其中 X_g 表示第 g 个评价指标（$g=1,2,\cdots,h$）。上述匹配关系可由图 6.13 表示。

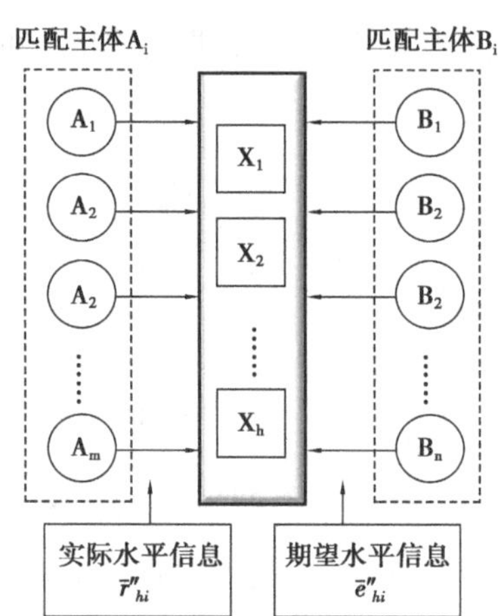

图 6.13　金融资产需求主体 B 的匹配过程示意图

金融资产需求主体 B_j 对金融资产供给主体 A_i 在匹配满意度评价指标 X_g 下期望水平信息的效率矩阵为：

$$\bar{E}''=\begin{bmatrix}\bar{e}''_{11} & \bar{e}''_{12} & \cdots & \bar{e}''_{1n}\\ \bar{e}''_{21} & \bar{e}''_{22} & \cdots & \bar{e}''_{2n}\\ \vdots & \vdots & \ddots & \vdots\\ \bar{e}''_{h1} & \bar{e}''_{h2} & \cdots & \bar{e}''_{hn}\end{bmatrix}=[\bar{e}_{gj}'']_{h\times n} \tag{6.12}$$

金融资产需求主体 B_j 对金融资产供给主体 A_i 在匹配满意度评价指标 X_g 下实际水平信息的效率矩阵为：

$$\bar{R}''=\begin{bmatrix}\bar{r}''_{11} & \bar{r}''_{12} & \cdots & \bar{r}''_{1n}\\ \bar{r}''_{21} & \bar{r}''_{22} & \cdots & \bar{r}''_{21}\\ \vdots & \vdots & \ddots & \vdots\\ \bar{r}''_{h1} & \bar{r}''_{f2} & \cdots & \bar{r}''_{hn}\end{bmatrix}=[\bar{r}''_{gj}]_{h\times m} \tag{6.13}$$

此外，X 评价指标的权重向量为 $v=\{v_1,v_2,\cdots,v_h\}$，其中 v_g 表示指标 X_g 的

权重，$0\leqslant v_g\leqslant 1$，且 $\sum_{g=1}^{h} v_g=1$。那么，信息总容量 I'_{ij}的计算公式应为如下所示：

$$I''_{ij}=\sum_{g}^{f} I''_{hij}v_g \tag{6.14}$$

$$I''_{hij}=\log_2\left(\frac{S_s}{S_{sd}}\right)_{hij},I''_{hij}\neq\infty \tag{6.15}$$

由前文分析可知，信息容量（I'_{ij}或 I''_{ij}）体现了金融资产供给主体 A 与金融资产需求主体 B 之间的匹配程度，信息容量越小说明实际水平达到了期望水平，二者匹配程度相对较高，故而下文在构建双边匹配模型时，将信息容量为“∞”的方案淘汰，仅考虑 $I'_{fij}\neq\infty$ 和 $I''_{hij}\neq\infty$ 的匹配方案。

3）供需主体双边匹配过程

基于上述匹配情形分析，需最终考察在各自匹配满意度评价指标下，双边匹配主体的实际水平与期望水平，通过计算获取信息总容量，进而构造双边匹配决策的优化模型。同理，信息总容量 I_{ij} 越小说明在匹配过程中匹配双方的期望水平与实际水平越吻合，匹配度越高。

设定 x_{ij} 表示为 0-1 变量，若 $x_{ij}=1$ 则表示匹配主体 A_i 与匹配主体 B_j 之间匹配成功，否则 $x_{ij}=0$ 表示匹配不成功。所构建的模型的目标是使得不同匹配主体间评价方案的信息总量最小化，且实现尽可能多的成功匹配。由于此处研究的是不同匹配评价指标下的双边匹配问题，故而需分别构建信息总容量最小化的目标函数。首先，构建金融资产供给主体 A 对金融资产需求主体 B 在评价指标 C 下的信息总容量最小化模型 $\mathrm{Max}Z_1$。其次，构建金融资产需求主体 B 对金融资产供给主体 A 在评价指标 X 下的信息总容量最小化模型 $\mathrm{Max}Z_2$。

需要说明的是，为便于后续将多目标优化模型转化为单目标优化模型，此处引入函数 $M'=\max\{I'_{ij}\}$，M'表示剩余方案中的信息总容量的最大值，由此构建 M'与 I'_{ij}的差值，亦可实现信息总容量 I'_{ij}的最小化。同理，$M''=\max\{I''_{ij}\}$，M''表示剩余方案中的信息总容量的最大值。上述两个目标优化模型中，若实现 Z_1、Z_2 最大化，则必须实现信息总容量 I'_{ij}、I''_{ij}最小化。基于上述分析，匹配主体 A 与匹

配主体 B 之间的多目标优化模型如式6.16：

$$\begin{aligned}
&\mathrm{Max}Z_1 = \sum_{i}^{m}\sum_{j}^{n}(M' - I'_{ij})x_{ij} \text{①}\\
&\mathrm{Max}Z_2 = \sum_{i}^{m}\sum_{j}^{n}(M'' - I''_{ij})x_{ij} \text{②}\\
&\mathrm{Max}Z_3 = \sum_{i}^{m}\sum_{j}^{n}x_{ij} \text{③}\\
&\sum_{i}^{m}x_{ij} \leqslant \vartheta_i, i = 1,2,\cdots,m \text{④}\\
&\sum_{j}^{n}x_{ij} \leqslant l_j, j = 1,2,\cdots,n \text{⑤}\\
&x_{ij} = \{0 \quad ,1\}
\end{aligned} \tag{6.16}$$

目标函数 Z_3 表示最大化匹配成功数量，其意义在于在实现使得不同匹配主体间评价方案的信息总量最小化的前提下，尽可能多地提高匹配成功率。此外，在约束条件中，ϑ_i 表示金融资产供给主体 A 最多可匹配的需求主体 B 的数目，l_j 表示金融资产需求主体 B 最多可匹配的供给主体 A 的数目。中介机构在提供服务中是可以获取一定数额的金融服务费用的，可以依据匹配成功数量 Z_3 计算所得，也可以采用定比率方式计算。

由于上述模型中目标函数的值域差别较大，故采用隶属度函数的加权和方法对目标函数进行处理。设定 $Z_1^{\min}$、$Z_1^{\max}$ 为单独考虑目标函数 Z_1 优化时所求得的最小目标值与最大目标值，同理 $Z_2^{\min}$、$Z_2^{\max}$ 为单独考虑目标函数 Z_2 优化时所求得的最小目标值与最大目标值；$Z_3^{\min}$、$Z_3^{\max}$ 为单独考虑目标函数 Z_3 优化时所求得的最小目标值与最大目标值，那么目标函数的隶属度函数定义如式6.17：

$$\begin{aligned}
&\varphi(Z_1) = 1-\frac{Z_1^{\max}-Z_1}{Z_1^{\max}-Z_1^{\min}}\\
&\varphi(Z_2) = 1-\frac{Z_2^{\max}-Z_2}{Z_2^{\max}-Z_2^{\min}}\\
&\varphi(Z_3) = 1-\frac{Z_{13}^{\max}-Z_3}{Z_3^{\max}-Z_3^{\min}}
\end{aligned} \tag{6.17}$$

设定 ω_1、ω_2、ω_3 分别为 Z_1、Z_2、Z_3 的权重系数，根据隶属度函数将目标函数进行加权，原目标函数的优化模型就可以转化为单目标优化模型，建立新的单目标函数如式 6.18：

$$\mathrm{Max}Z=\omega_1\varphi(Z_1)+\omega_2\varphi(Z_2)+\omega_3\varphi(Z_3) \tag{6.18}$$

由于上述模型中的目标函数和约束条件都是线性的，因此该单目标函数(6.18)可以使用优化软件包或编程进行求解。

6.3 金融资产供需主体的匹配指标体系

金融资产供需双方基于不同目的开展金融活动，故而各自的匹配满意度评价指标是不一样的。供给主体必然会对需求主体设定一系列的评价指标，对投资标的的风险—收益情况进行权衡，以确保在风险可控的前提下，筛选尽可能优质的投资标的，以获取尽可能多的收益；而资金需求主体则是在资金使用成本可承受的情况下，尽可能寻找能够满足自身资金资源需求的优质供给方，那么必须对供给方的资金实力、收益要求等情况进行考量。简言之，金融资产供需匹配是一个考虑不同评价指标期望信息的多指标双边匹配决策。

对于金融资产供需匹配决策，严格意义上讲金融中介(银行)、股权债权交易市场等均属于“中介”范畴，其基本功能都是调剂余缺优化资金配置，帮助资金实际所有者进行投资决策。倘若假定发生逆向选择和道德风险的概率几乎为零，由于资金实际所有者与“中介”之间通常是委托代理关系，二者具备共同的利益诉求，故而假定二者为无差别的利益共同体，文中统称为“金融资产供给方”。作为金融资产供给方，除了对自我有足够了解之外，还需要制定一系列的评价指标对各潜在的金融资产需求方进行评价，选择满足投资期望的匹配对象。

假定经济体中有 n 个企业，作为金融资产的供给方，在面对诸多投资标的时，需要在诸多企业中选择一个或多个标的进行投资，自然需要对目标企业的实际情况进行评价。在投融资决策中,一个企业或项目的风险受自身的技术水平影响,这是投资主体必须要重点考察的指标,因此下文中金融资产供需主体的指标体系也将围绕技术进步进行设计。

6.3.1 供给主体匹配指标体系

一是技术差距。技术差距是指目标企业的技术水平与国际或国内同领域的先进技术水平的差距,技术差距越大表明目标企业在该领域处于相对落后的地位,技术积累能力越弱。根据 Michael V. Posner(迈克尔. V. 波斯纳)的技术差距理论(Technological Gap Theory),技术实际上是一种生产要素,在一定时期内能率先完成某项技术创新的国家,即创新国(Innovation Country),往往能较为稳定地保有技术创新带来的技术差距比较优势。然而,随着技术逐渐被模仿国(Imitation Country)掌握,创新国的比较优势降低或消失。基于此,技术差距越大表明目标企业并没有通过自主技术创新或技术引进的方式实现差距的缩小,知识要素没有成为企业的核心生产要素,这种企业往往是劳动密集型产业。

二是知识产出弹性,不同的技术进步方式的知识产出弹性存在差异。对于自主创新方式而言,一项技术的实现会衍生出更多的知识,尤其当一项关键性技术被攻克时,往往代表了整个领域的技术水平的提升。而技术引进方式获取的知识往往是有限的,一方面由于技术创新成果蕴含着丰厚的利润回报,因此当一项技术创新完成以后,技术创新主体必然采取一定排他性措施,如知识产权保护、技术封锁等方式充分地获取该项技术创新的利润回报。当该项技术创新逐步被其他企业掌握或是已经成为一项较为成熟的技术后,技术创新主体才有可能考虑该项技术转让。另一方面虽然模仿国往往通过技术引进获取技术知识的积累,但是通常技术知识通常以物质资本(产品或设备)为载体,不具有可模仿性或是模仿成本太高。

三是人才储备。虽然对于一个企业而言,人才储备是动态的,可以通过外部引进或内部培养等方式来实现,但是这都需要一定的时间周期和成本,故而此处仅是考察一个较短周期内,相对稳定的人才储备情况。这里所指的人才主要是从事技术研发、品牌管理等高价值环节的人才,当一个企业具备相当数量的此类人才时,说明企业更加有实力推进技术创新、商业创新等。对于一个人才储备较为丰富的企业而言,其知识积累、技术进步的速度更快,最终促使产业实现价值链升级的可能性也会更大。

此外,还有技术应用前景、企业固定资产、税收优惠、抵押品折旧率等等指标,在此不一一赘述。不同的金融资产供给主体会对不同指标的重视程度不一样,会对各指标赋予差异化的权重值$\{w_1, w_2, \cdots, w_f\}$。基于上述内容,建立金融资产供给主体匹配指标体系,如表 6.1 所示。

表 6.1　金融资产供给主体匹配指标体系

指标	变量符号	权重
技术差距	C_1	w_1
知识产出弹性	C_2	w_2
人才储备	C_3	w_3
技术应用前景	C_4	w_4
企业固定资产	C_5	w_5
税收优惠	C_6	w_6
抵押品折旧率	C_7	w_7
…	…	…
…	C_f	w_f

6.3.2　需求主体匹配指标体系

金融资产需求主体是指为寻求技术进步的企业或产业主体,其金融资产需求来自累积各种知识时所投入的资本,不同的技术进步方式,对金融资产的需求特征不一样。金融资产需求主要不仅要审视和识别自身金融需求情况,设计合理金融资产需求计划(包括资金性质、规模、收益补偿等);另一方面要对可能的供给匹配对象做足够专业且深入的分析。通过制定相应的匹配满意度评价指标,筛选与融资需求计划最为匹配的供给方。

评价指标主要涉及资金性质、投资周期、投资实力、投资额度、投资成功率、企业家素质等方面。指标的选取是通过对现有文献的整理与归纳,以及结合访谈和专家意见所得。本书对资金性质与投资周期两个指标进行了一定的说明,具体如下:

一是资金性质,是指金融资产供给主体以债权形式还是股权形式为需求主体提供金融资产。在金融实践中,同时以债权和股权两种方式进行投资较为常见,或是双方协商约定债转股等。对于股权性质(如 VC、PE、上市融资等)的投资资金,寻求的是被投资标的预期收益,具有 3 ~ 5 年甚至更长的投资周期。对于从事自主技术创新的融资主体而言,通过出让部分未来收益权,既可以在未产生经济效益时不需要支付财务成本,又可以筹措足够的金融资产用于提升技术水平。而对于债权性质的投资资金,一方面需要定期支付利息,另一方面投资周期相对较短,对于未来收益具有较高不确定性的自主技术创新方式而言,无疑会增加财务成本。综合而言,由于风险—收益的不确定性不同,不同技术进步方式具有不同的融资偏好,通常自主技术创新偏好股权性质的融资方式,而技术引进偏好债权性质的融资方式。

二是投资周期,从财务成本支出角度而言,较长的投资周期意味着过大的财务成本,融资主体需要考虑不同技术进步方式的收益创造的周期性特征。前文指出技术引进方式知识积累数量相对有限,但是能够在相对较短的时间内产生经济效益,故而对于金融资产的占用时间相对较短。而对于自主技术创新方式,其知识积累是一个循序渐进的过程,通常需要较长的研发周期,故而对金融资产的占用时间相对较长。

不同的金融资产需求主体会对不同指标的重视程度不一样,会对各指标赋予差异化的权重值$\{v_1, v_2, \cdots, v_h\}$。基于上述内容,建立金融资产需求主体匹配指标体系,如表 6.2 所示。

表 6.2 金融资产需求主体匹配指标体系

指标	变量符号	权重
融资偏好	X_1	v_1
投资周期	X_2	v_2
投资实力	X_3	v_3
投资成功率	X_4	v_4
投资额度	X_5	v_5
企业家素质	X_6	v_6
…	…	…
…	X_h	v_h

由于金融资产供需主体对评价指标的期望水平信息和实际水平信息具有模糊性和不确定性,使得区间数信息和语言评价信息最适合表达相关的信息,因此本书借鉴公理设计的思想,构建基于公理设计的双边匹配决策方法。在不同的匹配满意度评价指标下,双边匹配主体分别给出各指标的期望水平值和实际水平值,并以期望水平值与实际水平值的差距越小越好为基本准则计算信息容量,信息容量越小匹配程度越高,就越能实现不同匹配主体之间的稳定匹配。

6.4 金融资产供需双边匹配的算例分析

假定现有一项金融资产供需决策,存在一个金融服务中介机构 S,需要为 6 个金融资产供给主体$\{A_1,A_2,\cdots,A_6\}$、8 个金融资产需求主体$\{B_1,B_2,\cdots,B_8\}$提供中介匹配服务。中介机构 S 利用其专业优势获取各匹配主体的信息,考虑尽量满足金融资产供给主体与需求主体的意向和要求,协助制定匹配双方的匹配满意度评价指标,对各匹配主体的期望水平信息与实际水平信息进行计量与考评,客观公正地协助金融供需双方制定投融资决策。另外,每个金融资产供给主体最多可为 2 个需求主体提供金融资产,即 $\vartheta_i=2(i=1,2,\cdots,6)$。

在金融资产供给主体 A 对金融资产需求主体 B 的指标$\{C_1,C_2,\cdots,C_7\}$中,各指标的语言形式存在差异,如知识产出弹性、人才储备、税收优惠三个指标表现为区间数信息的形式,例如,金融资产供给主体 A 对金融资产需求主体 B 的知识产出弹性的期望水平为“2 ~4”之间,人才储备期望水平为“20 ~30”人之间,税收优惠幅度为“8% ~15%”,这类形式可以直接采用前文提出的计算方式求得信息容量数值。而对于技术差距、技术应用前景这两个指标,通常采用多粒度评价语言,如三粒度评价语言{差,好,很好}、五粒度评价语言{非常差,较差,中等,较好,非常好},这类语言形式无法直接利用文中所提计算方式求解,需要对语言表达形式进行转换,常采用三角模糊数的方式进行转换。

假设语言短语集为 $L=\{l_0,l_1,l_2,l_3,l_T\}$,$l_i\in L$ 是第 i 个语言短语,$i=0,1,\cdots,T$,L 为以预先定义好的由奇数个元素构成的有序集合。对于技术差距、技术应用前景、企业家素质、投资环境 4 个指标,本书采用五粒度评价语言,假设五粒度的语言评价集为 $L=\{l_0,l_1,l_2,l_3,l_4\}=\{l_0=$非常差$(VL),l_1=$较差$(L),l_2=$中等$(M),l_3=$较好$(G),l_4=$非常好$(VG)\}$进行描述,$i=0,1,2,3,4$。若将语言短语 l_0,l_1,l_2,l_3,l_4 转换为三角模糊数,并记为 T_i:

$$T_i=(T_{li},T_{mi},T_{ui})=\left[\max\left\{\frac{i-1}{T},0\right\},\frac{i}{T},\min\left\{\frac{i+1}{T},1\right\}\right] \tag{6.19}$$

根据式 6.19,由于 $T=4$,可以求得五粒度的语言评价集中每个语言短语应对的三角模糊数分别是:$l_0=\{0,0,0.25\}$,$l_1=\{0,0.25,0.5\}$,$l_2=\{0.25,0.5,0.75\}$,$l_3=\{0.5,0.75,0.1\}$,$l_4=\{0.75,0.75,0.1\}$。以技术差距为例,金融资产供给主体从五粒度语言评价集中选择一个元素来表达对金融资产需求主体在评价指标$\{C_1,C_2,\cdots,C_7\}$下的期望水平,中介机构同样也从评价值中选择一个元素来评价金融资产需求主体在评价指标$\{C_1,C_2,\cdots,C_7\}$下的实际水平。

根据 6.2.2 节的公理设计思想,可以将语言形式的模糊评价信息转换为三角模糊数的形式(图 6.14)。系统范围可以用模糊系统范围$[r_1,r_m,r_u]$来表示,而设计范围可以用模糊设计范围$[e_l, e_m, e_u]$来表示，二者相交的部门即为模糊公共范围，且参照式(6.3)可计算出信息含量的计算公式。同样，设计范围体现了决策者的期望水平，系统范围是指标实际水平的体现，公共范围是设计范围和系统范围之间的重叠区域。对于三角模糊数也存在效益型和成本型指标，具体计算方式可参照6.2.2小节。

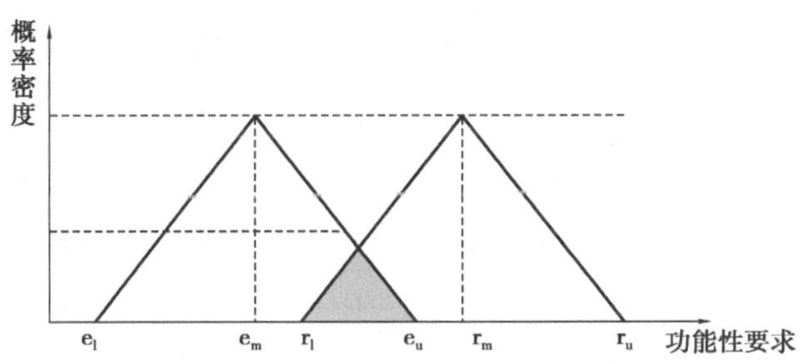

图6.14 模糊评价信息的信息容量示意图

6.4.1 供给主体信息容量计算

基于上述分析，金融资产供给主体A对金融资产需求主体B的7项指标$\{C_1, C_2, \cdots\cdots, C_7\}$的期望水平信息见表6.3，其中技术差距为成本型指标，VL表示技术差距较大，VG表示技术差距较小。

表6.3 金融资产供给主体A对金融资产需求主体B的期望水平信息

	技术差距	知识产出弹性	人才储备	技术应用前景	企业固定资产	税收优惠	抵押品折旧率
	C_1	C_2	C_3	C_4	C_5	C_6	C_7
A_1	VG	4~5	15~20	G	M	8%~10%	G
A_2	G	3~4	10~15	M	G	6%~8%	G
A_3	VG	5~6	15~21	VG	G	7%~10%	G
A_4	M	3~4	10~14	G	M	3%~5%	M
A_5	G	2~4	13~15	M	G	5%~8%	G
A_6	M	2~3	15~19	G	M	7%~11%	M

金融资产需求主体 B 的实际水平信息见表 6. 4。7 项指标的权重向量为 $\{w_1, w_2, \cdots, w_7\}$，其对应的权重数值分别为{0. 25，0. 2，0. 15，0. 15，0. 1，0. 1，0. 05}。

表 6. 4　金融资产需求主体 B 的实际水平信息

	技术差距	知识产出弹性	人才储备	技术应用前景	企业固定资产	税收优惠	抵押品折旧率
	C_1	C_2	C_3	C_4	C_5	C_6	C_7
B_1	G	3 ~ 5	15 ~ 18	G	M	6% ~ 9%	G
B_2	M	2 ~ 4	11 ~ 16	M	VG	5% ~ 7%	G
B_3	VG	5 ~ 6	16 ~ 22	G	L	8% ~ 10%	G
B_4	M	3 ~ 4	13 ~ 18	L	M	5% ~ 6%	M
B_5	G	2 ~ 4	12 ~ 16	M	G	6% ~ 9%	G
B_6	G	3 ~ 6	12 ~ 17	G	M	7% ~ 11%	M
B_7	G	2 ~ 3	10 ~ 15	M	L	5% ~ 7%	G
B_8	VL	1 ~ 2	7 ~ 10	G	M	2% ~ 5%	M

依据 6. 2. 2 节信息容量计算方法，可得金融资产需求主体 A_1 对于金融资产需求主体 B 的信息容量矩阵，见表 6. 5。

表 6. 5　金融资产需求主体 A_1 的信息容量矩阵

	技术差距	知识产出弹性	人才储备	技术应用前景	企业固定资产	税收优惠	抵押品折旧率	$A_1 \to I_{1j}$
	C_1	C_2	C_3	C_4	C_5	C_6	C_7	
B_1	−1	1	0. 000	0	0	−1. 585	0	$I_{11} = -0.208\ 5$
B_2	∞	∞	−2. 322	−2	∞	∞	0	$I_{12} = \infty$
B_3	0	0	−0. 585	0	−2	0	0	$I_{13} = -0.287\ 75$
B_4	∞	∞	−0. 737	∞	0	∞	−2	$I_{14} = \infty$
B_5	−1	∞	−2. 000	−2	−2	−1. 585	0	$I_{15} = \infty$

续表

	技术差距	知识产出弹性	人才储备	技术应用前景	企业固定资产	税收优惠	抵押品折旧率	$A_1 \to I_{1j}$
	C_1	C_2	C_3	C_4	C_5	C_6	C_7	
B_6	-1	1.585	-1.322	0	0	-0.415	-2	$I_{16}=-0.2728$
B_7	-1	∞	∞	-2	-2	∞	0	$I_{17}=\infty$
B_8	∞	∞	∞	∞	0	∞	-2	$I_{18}=\infty$

同理,可以计算出金融资产供给主体 A2 ~ A8 在匹配评价指标$\{C_1,C_2,\cdots,C_7\}$下的信息容量矩阵。

6.4.2　需求主体信息容量计算

同理,对于金融资产需求主体 B 对金融资产供给主体 A 的 6 项指标体系中资金性质、投资实力、企业家素质三个指标为多粒度评价语言形式,故采用三角模糊数的方式计算信息容量。其中,资金性质的五粒度评价语言从左至右,股权性质逐渐加强。金融资产需求主体 B 对金融资产供给主体 A 的 6 项指标$\{X_1,X_2,\cdots,X_6\}$的期望水平信息如表 6.6 所示,金融资产供给主体 A 的实际水平信息如表 6.7 所示。6 项指标的权重向量为$\{v_1,v_2,\cdots,v_h\}=\{0.2,0.25,0.2,0.15,0.1,0.1\}$。

表 6.6　金融资产需求主体 B 对金融资产供给主体 A 的期望水平信息

	资金性质	投资周期	投资实力	投资成功率	投资额度	企业家素质
	X_1	X_2	X_3	X_4	X_5	X_6
B_1	*VG*	4 ~ 5	*G*	70% ~ 80%	50 ~ 100	*M*
B_2	*G*	3 ~ 4	*M*	60% ~ 70%	1 ~ 50	*VG*
B_3	*G*	3 ~ 4	*M*	70% ~ 80%	50 ~ 100	*G*
B_4	*M*	2 ~ 3	*G*	80% ~ 90%	70 ~ 100	*M*

续表

	资金性质	投资周期	投资实力	投资成功率	投资额度	企业家素质
	X_1	X_2	X_3	X_4	X_5	X_6
B_5	L	1 ~ 2	G	70% ~80%	80 ~ 120	L
B_6	G	3 ~ 4	G	60% ~70%	100 ~ 120	M
B_7	G	3 ~ 4	M	80% ~90%	80 ~ 120	VG
B_8	M	2 ~ 3	VG	70% ~80%	20 ~ 30	M

表 6.7　金融资产供给主体的实际水平信息

	资金性质	投资周期	投资实力	投资成功率	投资额度	企业家素质
	X_1	X_2	X_3	X_4	X_5	X_6
A_1	VG	3 ~ 4	M	60% ~70%	80 ~ 120	M
A_2	G	2 ~ 3	G	80% ~90%	100 ~ 120	L
A_3	M	1 ~ 2	G	70% ~80%	50 ~ 100	M
A_4	L	3 ~ 4	VG	70% ~80%	1 ~ 50	VG
A_5	M	2 ~ 3	G	80% ~90%	50 ~ 100	M
A_6	G	1 ~ 2	M	70% ~80%	70 ~ 100	G

在该算例中,为使金融资产供给主体与金融资产需求主体双方的匹配程度尽可能地高,依据前文提出的基于公理设计的双边匹配决策方法,可以计算求得在匹配评价指标$\{C_1,C_2,\cdots\cdots,C_7\}$下的信息总容量$I'_{ij}$,以及在匹配评价指标$\{X_1,X_2,\cdots,X_6\}$下的信息总容量$I''_{ij}$。然后再依据式(6.16)建立关于金融资产供给与需求主体的多目标优化模型,并将此模型依据式(6.17)转化为单目标线性规划模型,设定Z_1、Z_2、Z_3的权重系数$\omega_1=0.4$、$\omega_2=0.4$、$\omega_3=0.2$。采用优化

软件包 LINGO15.0① 进行模型求解，可以得到最优解为：$x_{12}=1$，$x_{25}=1$，$x_{36}=1$，$x_{64}=1$，其余 x_{ij} 的值均为 0，由此可以得到中介机构 S 推荐的金融资产供给主体与金融资产需求主体的双边匹配结果为：$\{A_1,B_2\}$，$\{A_2,B_5\}$，$\{A_3,B_6\}$，$\{A_6,B_4\}$，而 A_4，A_5，B_1，B_3 未能匹配。

上述匹配结果表明，已经形成稳定匹配的双方主体都匹配到了满意的对象，没有一方愿意改变匹配现状，此时金融资产配置是稳定有效的，这一结果将为金融资产供需主体提供决策支持。对于未能匹配的 A_4，A_5，B_1，B_3 会进入下一轮的双边匹配决策之中，这样的决策机制能够减少金融资产错配问题的发生。实现双边匹配的投融资决策主体是 $\{A_1,B_2\}$，$\{A_2,B_5\}$，$\{A_3,B_6\}$，$\{A_6,B_4\}$，意味着各自按照自己的评价指标体系选出了最合适的融资对象或投资对象，二者之间所达成的稳定状态是一种相互满意的决策结果，任何一方没有动机打破这种匹配状态。此外，对于未能匹配的投融资主体，会在有新的参与主体进入决策系统时，会开始下一轮的匹配过程，直至由一个或多个稳定组合产生。另外，本书所构建的决策模型针对的是一对一匹配，在实际投融资实践中会存在一对多、多对多等复杂情形，但其基本理论是一致的，只要将投融资主体进行合理的切割即可转化为一对一的双边决策问题。

6.5 进一步讨论

前文尝试采用双边匹配决策理论来解决金融资产供给与金融资产需求问题。在“二元”金融结构演化背景下，金融资产供给可划分为债权类金融资产与股权类金融资产，而企业在融资时往往会面临是选择债权类金融资产，还是选择股权类金融资产，其实这就是涉及供需双方的投融资决策问题。作为金融资

① LINGO 是 Linear Interactive and General Optimizer 的缩写，即“交互式的线性和通用优化求解器”，可以用于求解非线性规划，以及线性和非线性方程组的求解等，功能强大，是求解优化模型的最佳选择。

产供给主体的各金融机构在选择投资对象时,通常自有一套评价指标体系,而作为金融资产需求主体的各个企业,在选择融资对象时,也会自有一套评价指标体系。金融机构与企业的评价指标体系各不相同,因此金融资产供需匹配是一个考虑不同评价指标期望信息的多指标双边匹配决策。在借鉴前人的研究基础上,本书尝试构建基于公理设计的双边匹配决策机制,拓宽了双边匹配理论在金融领域的应用范围。

需要指出的是,本书在研究金融资产供需双边匹配理论角度问题时,弱化了中介服务商的作用,这是一个值得被深入研究的问题,如涉及服务费定价、信息披露、合谋行为等,这可以引申出很多既有趣又有意义的研究。此外,对于金融资产双边匹配决策机制,可以尝试采用计算机构建决策交易系统,这也是后续交叉学科研究的重要方向。

6.6 本章小结

金融领域是双边匹配(Two-sided Matching)决策的天然研究场所,该决策方法要求决策过程中要充分考虑各方匹配主体的满意度要求,尽量使双方主体形成稳定的匹配对,进而使双方主体都达到满意的结果。本章节将企业融资选择界定为双边匹配决策问题,借鉴双边匹配决策理论提出解决金融资产供需均衡问题的方法,主要包含以下几个方面的内容:

一是对双边匹配决策理论及其在金融领域的研究进行介绍。投融资决策本质属于"供需匹配的问题,认为不确定条件下收益和风险的衡量是金融资产配置的核心问题。对于风险-收益的衡量,通常是选取关键核心因素,并据此构建评价体系,这一决策思路恰好与双边匹配决策理论是相契合的,故而提出采用双边匹配决策来研究金融资产供需均衡的问题。

二是构建金融资产供需的双边匹配模型。由于金融资产供需主体对评价指标的期望水平信息和实际水平信息具有模糊性和不确定性,使得区间数信息和语言评价信息最适合表达相关的信息，因此本书借鉴公理设计的思想，构建基于公理设计的双边匹配决策方法，当可行方案产生与系统范围与设计范围有交集的时候，并且信息总容量最小的方案就为最佳方案。然后根据双边主体在不同匹配满意度评价指标下的期望水平信息与实际水平信息，进一步计算获取信息总容量，构造双边匹配的多目标模型。此外，为便于求解，根据隶属度函数将目标函数进行加权，原目标函数的优化模型就可以转化为单目标优化模型。

三是构建金融资产供需主体的匹配指标体系，借鉴陈希、樊治平（2010）提出的基于公理设计的匹配决策分析方法，分别从金融资产供给主体、金融资产需求主体出发，建立投融资指标体系。就金融资产供给主体而言，主要考察技术差距、知识产出弹性、人才储备、技术应用前景、企业固定资产、税收优惠、抵押品折旧率；就金融资产需求主体而言，主要考察资金性质、投资周期、投资实力、投资额度、投资成功率、企业家素质等。基于上述模型构建，可以对金融资产供需双边匹配进行了算例分析。

第七章

7 研究结论、启示与展望

7.1 研究结论

本书沿着“金融结构演化→银行主导与市场主导优劣对比→最优金融结构→金融与经济协调发展→金融资产供需均衡”的脉络进行文献研究与评述，提炼出从宏观金融发展到微观企业融资选择的分析框架，即“金融与经济协调发展→金融资产供给与金融资产需求实现均衡→金融市场债权类/股权类金融资产的供给与企业对于债权类金融资产/股权类金融资产的融资选择”。考虑到经济金融发展实践，金融发展水平通常会滞后或是超前于同期经济发展水平，但两者会自发或非自发地实施改进优化，渐进地实现协调发展。首先，对于金融发展，不仅表现为金融规模的扩大，更表现为金融结构的动态演化，并最终通过金融资产的供给规模、供给结构的调整作用于经济增长。在“二元”金融结构分析视角下，银行主导型与市场主导型金融结构的优劣争论，实际上是争论债权类金融资产与股权类金融资产的孰优孰劣，此为金融资产的供给问题。其次，对于经济发展，由于要素禀赋、技术水平、产业结构等的时刻变化，决定了不同时间、空间范围内经济发展对于金融资产的需求存在差异。企业作为经济体内最基本的构成单元，是金融资产的需求主体，在融资时也必然会面临选择债权类金融资产还是股权类金融资产的问题，此为金融资产的需求问题。金融资产的供求均衡的实现无法脱离其所处的特定金融环境，就金融结构演化视角而言，虽然中国金融结构有其固有特点，但自实施金融体制改革以来中国的金融结构发生了较为显著的市场化演化趋势，因此在研究金融市场的金融资产供给与企业融资的金融资产需求之间关系时，有必要对中国金融结构演化背景进行充分考察。基于上述分析，本书将对中国金融结构演化趋势进行分析，研究金融结构演化背景下的经济增长，以及金融资产供给与企业融资选择之间的关系，并构建实现金融资产供需均衡的双边匹配决策机制。论文的主要结论如下：

第一,选取规模水平、活力水平与效率水平这三个维度对中国宏观金融结构市场化程度进行测度,研究发现自1990年以来中国金融体系改革不断推进,以股票、债券及其衍生品等为代表的资本市场得到了快速发展,资本市场的相对地位得到很大提高,功能也越来越完善,中国金融结构市场化的规模水平(Fin_SS)总体呈现出向上趋势,但是相较于银行业资产规模而言,银行主导型的金融结构依旧是中国金融体系的主要特征。此外,就活力水平(Fin_SA)、效率水平指标(Fin_SE)而言,均揭示了中国金融结构呈现出较为显著的市场化倾向,其原因在于资本市场的发展以及其成交活跃程度的提升。采用赫芬达尔指数(HHI)、银行前四名的总资产集中率(CR4)作为银行业结构的关键指标,测算表明随着中国经济的不断发展,中国银行业集中度水平总体呈现下降趋势,由高寡占向低寡占过渡;2012—2020年中国银行业集中度进入一个相对稳定且略有上升的通道,即在2015年以后经历一个缓慢下降的阶段,并于2019年前后略有上升,这符合低等收入国家集中度较高,进入中高等收入国家后会逐渐有所下降,并且在一段时间后保持相对稳定的判断。此外,就产权属性角度考虑,中国的银行业产权结构并未发生显著的变化,依旧是国有银行主导型的银行业结构特征。若将政策性银行也认定为国有属性银行范畴,那么中国银行业的国有主导特征则更加明显。

第二,采用“债券发行额+股票筹资额+境外资产净购买”与“信贷规模+活期存款增量”的比值来测算金融资产供给结构(Supply_Str),测算结果表明银行类金融资产供给增量要显著大于资本市场类金融资产供给增量,说明金融资产供给也呈现出“银行主导型”的结构特征,这恰好属于从银行体系与资本市场视角定义的“二元”金融结构的研究范畴,即中国金融资产供给呈现出“货币多、资本少”结构性特征。借鉴Caballero(2006、2008)提出的“资产短缺”假说,以及Chen和Imam(2011、2012)对金融资产短缺的衡量方法,对中国金融资产短缺情况进行分析,发现绝大部分年份是存在金融资产供给短缺的,这与范从来教授研究团队(2012、2013)的结论一致;其中,2003年、2007年、2010年、2020年金融资产短缺指数(AS)取值接近于零值,几乎可以认为中国的金融资产的供给与需求达到了均衡状态,而2009年AS取值达到了-0.385 0说明当年存在一定程度的金融资产供给过剩。综合而言,经过多年发展中国金融结构总体呈现出市场化的演化趋势,但是依然具有较为显著的“双重主导型”的特征(孙俊,2014;戚晓耀和苏基溶,2011;Zhang和Wang,2013),一方面是虽然资本市场的规模和功能得到了前所未有的发展,但是银行业在整个金融体系中主导地位依旧较为稳定,故而中国的金融体系依然是银行主导型的;另一方面虽然银行业股份制改革成效显著、大量中小型银行设立,但是国有银行在整个银行体系中占据主导地位,这是由中国的金融发展历程决定的。

第三,采用Granger因果检验和脉冲响应函数对宏观金融结构演化与金融资产供给之间的关系进行分析,研究表明相较于银行信贷规模,股票、债券类金融资产供给规模的相对扩大,使得短期内资本市场的相对规模扩大,进而促使宏观金融结构呈现出市场化演化趋势,并且长远而言股票、债券等资本市场的交易效率的提高会促进宏观金融结构市场化的效率水平。然而就中长期而言,宏观金融结构的市场化水平会受到抑制,其根本原因在于中国银行主导型的金融体系,银行业稳固的主导地位对宏观金融结构的市场化演化起抑制作用。将金融资产短缺指数纳入C-D生产函数,构建了反映金融资产供需关系的经济增长模型$Y(F,\eta)$。研究发现经济增长水平的提升大小除了与金融资产供给量有关,还取决于金融资产短缺指数η的大小,即可获得$R(\eta)$的乘数效应。需要指出的是,金融资产供需乘数效用$R(\eta)$在不同金融资产供需状态下存在较大差异,当经济体保持在金融资产供给短缺状态($0<\eta<1$)时,增加金融资产供给会促进经济增长,此外由于金融资产供需乘数效用大小为$R(\eta)>1$,使经济增长的速度加快,获得一定程度的加速增长。同理,当经济体保持在金融资产供给过剩状态($-\infty<\eta<0$)时,减少金融资产供给会降低经济增长速度,但是由于此时金融资产供需乘数效用大小为$0<R(\eta)<1$,使经济增长下降的速度减缓,获得一定程度的减速下降。此外,还对不同类型的金融资产(银行信贷、股票、债

券)供给与金融资产短缺对经济增长的关系进行分析,有助于加深对金融资产供给与经济增长关系的理解。

第四,金融结构演化与经济增长的实证分析表明,中国资本市场(股票市场、债券市场等)经过多年发展,宏观金融结构市场化的规模水平、活力水平的提升均会促进经济实现正向发展,但是规模水平的提升作用更大,这与绝大多数学者的研究结论是一致的。此外,金融资产供给与经济增长的实证分析结果表明,银行信贷资产、股票资产、债券资产的增加会促进经济增长,其促进作用大小排序为债券资产>信贷资产>股票资产,而短期存款变化量、境外资产净购买的增加并不会显著性地促进经济增长。研究还表明,虽然金融资产短缺与中国经济快速发展同时存在,但是金融资产短缺并不必然会阻碍经济发展。采用经济增长率(g)作为 GDP 的替代变量对金融资产短缺与经济发展之间的关系进行再次检验,发现二者存在显著的相关关系,与前面的结论相反,并对其可能原因进行阐述。此外,还对金融资产短缺与金融资产供给的关系进行检验,结果表明二者之间存在负向关系,符合金融发展实践。

第五,通过构建数理模型对企业如何进行融资选择进行分析,主要结论有:其一,项目投资风险越大,企业越倾向于选择股权融资方式,反之项目投资风险越小,企业越倾向于选择债权融资方式;其二,不管是股权融资还是债权融资,企业固定资产价值都是投资机构关注的重要指标,风险越大的投资项目越是需要提供更多的固定资产作为融资担保品,以降低投资者的投资风险;其三,对企业而言,具有较高固定资产价值会使得企业在股权占比、利息支付等方面具有竞争力,从而促进融资成本的降低。需要说明的是,此处研究所涉及固定资产价值、抵押品折旧率、项目风险大小等因素均是下一章节构建双边匹配评价指标体系的重要参考。此外,对中国上市公司融资结构现状分析,总体而言不管是银行信贷类资产,还是 IPO、增发、配股等股权类资产均呈现快速增长的趋势,但是银行信贷类资产一直是我国上市公司融资的主要金融资产类型。

第六,金融结构市场化对企业融资选择的实证分析,结果表明以规模和效率衡量的金融结构市场化提升会促使上市公司财务结构优化，即负债权益比率（Equity_R）、资产负债率（L/A）降低，股票、债券等资本市场规模的扩大、服务效率的提升会促使上市公司权益类资产规模的上升，这一判断与实际情况是一致的。其次，银行业市场结构对企业融资结构的影响的实证分析表明国有企业的产权性质有助于上市公司筹措到更多的银行信贷资金，即促使负债权益比率上升，进一步研究银行业市场结构演化的调节作用，结果表明在大型银行主导的银行业市场结构背景下，国有企业的产权属性、高管金融背景皆有利于企业获取更多的银行信贷资源。最后，银行业产权结构对企业融资结构的影响的实证分析，结果表明在国有银行主导的银行业产权结构背景下，国有企业的产权属性、高管金融背景也均有利于企业获取更多的银行信贷资源。

第七，将投融资决策界定为金融资产供给与金融资产需求的双边匹配决策问题，不确定条件下收益和风险的衡量是金融资产配置的核心问题。对于风险-收益的衡量，通常是选取关键核心因素，并据此构建评价体系，这一决策思路恰好与双边匹配决策理论是相契合的，故而提出采用双边匹配决策来研究金融资产供需均衡的问题。借鉴陈希、樊治平（2010）提出的基于公理设计的匹配决策分析方法，分别从金融资产供给主体、金融资产需求主体出发，建立投融资指标体系。就金融资产供给主体而言，主要考察技术差距、知识产出弹性、人才储备、技术应用前景、企业固定资产、税收优惠、抵押品折旧率；就金融资产需求主体而言，主要考察资金性质、投资周期、投资实力、投资额度、投资成功率、企业家素质等。基于上述模型构建，对金融资产供需双边匹配进行了算例分析。

7.2 研究启示

第一，本书以“金融资产供需均衡”作为研究“宏观经济政策→微观企业行为”之间的跳板，内涵了金融发展与经济发展相互协调或均衡的理念，这一理念是本书的关键逻辑之一，为我们进行理论研究或金融发展实践提供了一定的启示作用。本书提炼出从宏观金融经济研究到微观企业融资选择的研究框架，即“金融与经济协调发展→金融资产供给与金融资产需求实现均衡→金融市场债权类/股权类金融资产的供给与企业对于债权类金融资产/股权类金融资产的融资选择相匹配”，均揭示了投融资主体所必须遵循的供需均衡理念。协调或均衡理念揭示了金融结构演化的市场化水平数值并非越大越好，而是必须与所处经济发展情况相结合，这与假设发达经济体的金融结构为最优存在本质的区别，适合自己的才是最好的。

第二，通过采用宏观金融结构、银行业结构、金融资产结构对金融结构进行多维度的研究，证实了中国金融结构的市场化演化趋势，但也明确提出中国金融结构依然具有较为显著的“双重主导”的特征，本章对于中国金融结构演化的多维度分析，能够使理论学者或决策部门更加准确地识别中国金融结构的演化过程，更加地识别中国金融结构的特征，进而制定更加精准的金融政策。此外，文章对金融结构与经济发展、企业融资选择的一系列实证分析，也能够揭示金融资产供给或其结构对经济发展的影响，能够为投融资主体在进行决策时提供参考，尤其对于企业而言，在企业融资决策过程中要充分考虑宏观金融发展背景、关注金融结构演化对自身财务结构优化的作用，以及企业产权属性、高管金融背景、固定资产价值等要素在企业融资中的作用。

第三，正确认识金融资产短缺问题，有助于加深对金融资产供给与经济增长关系的理解。前文研究表明中国作为快速发展的新兴经济体，金融资产短缺是客观存在的，这在国际范围内也是被证实的。研究表明金融资产短缺的存在并不必然会阻碍经济的发展，金融资产短缺只是金融资产供给均衡的一个结果，并不是原因。研究也提出金融资产供需均衡实现过程中，即金融资产短缺逐步减少时，金融资产短缺会发挥逆向调节的作用，这一结论可为在经济发展过热或经济萧条时，金融资产供给政策的制定提供一定的参考。

第四，从供需视角分析金融资产结构问题的原因，为进一步深化金融供给侧结构性改革提供理论支撑。中国金融资产短缺更多地表现为股票、债券性质的金融资产短缺,即"货币多、资本少"。研究表明中国的"双重主导型"金融结构体系是导致结构性短缺的重要原因,这是由中国金融发展历程所决定的,并且有效地促进了经济的发展。因此,中国金融发展要在确保金融规模稳定增长的前提下,加强金融供给侧结构性改革,建立和完善多层次的资本市场,逐步缓解"货币多、资本少"的金融资产供给的结构性问题。

第五,本书所构建的基于公理设计的双边匹配决策机制,有助于优化金融资产配置方式,提高金融资产供需匹配水平。前文依据"二元"金融结构将金融资产划分为债权类金融资产、股权类金融资产,作为金融资产供给主体的各金融机构在选择投资对象时,通常自有一套评价指标体系;而金融资产需求主体的各个企业,在选择融资对象时,也会自有一套评价指标体系。需要指出的是金融机构与企业的评价指标体系各不相同,因此金融资产供需匹配是一个考虑不同评价指标期望信息的多指标双边匹配决策,需要指出的是指标构建过程是灵活的,供需主体可以基于自身实际情况灵活地删减各种指标体系,这也指引后续研究可以构建决策系统帮助投融资主体进行决策。

7.3 研究不足与展望

由于本人知识储备、研究水平的局限性,本书存在一定的研究局限,也是未来继续研究的方向。

第一,本书虽然提炼出了从宏观金融经济研究到微观企业融资选择的研究框架,突破了以往的研究视角,以金融资产供需均衡作为"宏观经济现象→微观企业机理"之间的跳板,构建了金融资产供给、短缺与经济增长之间的关系模型,但是对于其内在机理的研究存在诸多不足,并且金融资产短缺与经济增长之间的关系也未得到中国实践的证实,需要进行更加深入、更细致的研究。

第二,本书的实证研究部分,存在一些局限性。首先,实证研究仅以中国作为研究对象,可能会使结论缺乏说服力,因此在未来的研究中,将尝试把其他新兴经济体、发达国家纳入研究样本。此外，理想状况下是以中国资本市场设立至今作为样本周期，但是由于数据采集的限制，资本市场类的数据样本期为1997—2020年，缺少1990—1996年的数据；银行类的数据样本周期为2007—2020年，则缺少1990—2006年的数据，这就导致了本书仅对24年的样本数据进行研究。因此，在后续研究中，将尝试从更多的国家样本、更长的时间周期去研究金融结构演化的问题。

第三，本书在研究金融资产供需双边匹配理论角度问题时，弱化了中介服务商的作用，这是一个值得被深入研究的问题，如涉及服务费定价、信息披露、合谋行为等，这可以引申出很多既有趣又有意义的研究。此外，对于金融资产双边匹配决策机制，可以尝试采用计算机构建决策交易系统，这也是后续交叉学科研究的重要方向。

参考文献

[1] 白钦先,等,2016. 金融可持续发展研究导论[M]. 北京:中国金融出版社,2001.

[2] 崔满红,1999. 金融资源理论研究(四):有效配置[J]. 金融论坛,4(7):8-14.

[3] 蔡则祥,武学强,2016. 金融资源与实体经济优化配置研究[J]. 经济问题(5):16-25.

[4] 曹国华,胡义,2009. 风险投资家和创业者的双边匹配模型研究[J]. 科技进步与对策,26(5):28-31.

[5] 陈仕华,马超,2013. 高管金融联结背景的企业贷款融资:由 A 股非金融类上市公司观察[J]. 改革(4):111-119.

[6] 陈耿,刘星,辛清泉,2015. 信贷歧视、金融发展与民营企业银行借款期限结构[J]. 会计研究(4):40-46.

[7] 陈希,樊治平,2010. 基于公理设计的风险投资商与风险企业双边匹配[J]. 系统工程,28(6):9-16.

[8] 陈希,樊治平,2012. 双边匹配决策的研究现状与展望[J]. 管理评论,24(1):169-176.

[9] 陈希,2010. 双边匹配决策方法研究[D]. 沈阳:东北大学.

[10] 成学真,黄华一,2016. 金融结构理论体系划分研究[J]. 经济问题(6):1-7.

[11] 程六兵,王竹泉,2015. 信贷歧视与银行股份制改革:基于借款逾期公司的经验证据[J]. 财经研究,41(6):82-93.

[12] 仇娟东,何风隽,艾永梅,2011. 金融抑制、金融约束、金融自由化与金融

深化的互动关系探讨[J]. 现代财经(天津财经大学学报),31(6):55-63,70.

[13] 戴静,张建华,2013. 金融所有制歧视、所有制结构与创新产出:来自中国地区工业部门的证据[J]. 金融研究(5):86-98.

[14] 戴伟,张雪芳,2016. 基于新视角的金融资源配置效率测度研究[J]. 华东经济管理,30(5):52-60.

[15] 董骥,田金方,李航,2020. 金融供给侧结构性改革是否改变了信贷歧视:基于中国 A 股上市公司的检验[J]. 金融经济学研究,35(5):38-49.

[16] 杜勇,谢瑾,陈建英,2019. CEO 金融背景与实体企业金融化[J]. 中国工业经济(5):136-154.

[17] 冯晓雷,冯晓普,王淑侠,2013. 企业所有权性质与银行信贷可获得性[J]. 金融论坛,18(3):27-36.

[18] 范从来,胡育蓉,2015. 供给资产:中国金融体制改革与发展的新主线[J]. 中国高校社会科学(4):130-139,159.

[19] 范从来,刘绍保,刘德溯,2013. 中国资产短缺影响因素研究:理论及经验证据[J]. 金融研究(5):73-85.

[20] 范从来,刘绍保,刘德溯,2013. 中国资产短缺状况研究[J]. 经济理论与经济管理(2):31-42.

[21] 范从来,刘绍保,2012. 资产短缺新阶段中国的应对之策[J]. 金融纵横(3):7-10.

[22] 范方志,张立军,2003. 中国地区金融结构转变与产业结构升级研究[J]. 金融研究(11):36-48.

[23] 龚强,张一林,林毅夫,2014. 产业结构、风险特性与最优金融结构[J]. 经济研究,49(4):4-16.

[24] 郭树清. 金融调结构经济有出路[N]. 人民日报,2012-07-02.

[25] 尹雷,2014. 最优金融结构:理论与实证研究[D]. 沈阳:辽宁大学.

[26] 何瑛,张大伟,2015. 管理者特质、负债融资与企业价值[J]. 会计研究(8):65-72,97.

[27] 靳来群,2015. 所有制歧视所致金融资源错配程度分析[J]. 经济学动态(6):36-44.

[28] 季益烽,2014. 金融结构的变迁与最优金融结构[D]. 天津:南开大学.

[29] 鞠晓生,2015. 企业融资约束异质性、金融发展与中国经济增长[J]. 当代经济研究(10):82-90.

[30] 雷德蒙·戈德史密斯,1995. 金融结构与金融发展[M]. 上海:上海人民出版社.

[31] 黎贵才,卢荻,刘爱文,2016. 中国金融体制在经济增长中的作用:生产性效率对资源配置效率的替代[J]. 经济学动态(3):21-30.

[32] 李海凤,史燕平,2014. 投资者保护、政府干预与资本配置效率[J]. 经济经纬 31(3):139-144.

[33] 李鏊,2016. 货币非中性理论研究[D]. 上海:复旦大学.

[34] 李扬,2014. 完善金融的资源配置功能:十八届三中全会中的金融改革议题[J]. 经济研究,49(1):8-11.

[35] 李卓松,2018. 企业风险承担、高管金融背景与债券融资成本[J]. 金融评论,10(2):73-84,125.

[36] 李芸达,范丽红,费金华,2012. 先投后融,抑或先融后投:基于对我国企业产权制度的分析[J]. 会计研究(1):43-50,97.

[37] 林毅夫,章奇,刘明兴,2003. 金融结构与经济增长:以制造业为例[J]. 世界经济(1):3-21.

[38] 林毅夫,李永军,2001. 中小金融机构发展与中小企业融资[J]. 经济研究(1):10-18,53-93.

[39] 林毅夫,孙希芳,姜烨,2009. 经济发展中的最优金融结构理论初探[J].

经济研究,44(8):4-17.

[40] 林毅夫,2012. 新结构经济学:反思经济发展与政策的理论框架[M]. 北京:北京大学出版社.

[41] 林毅夫,徐立新,寇宏,等,2012. 金融结构与经济发展相关性的最新研究进展[J]. 金融监管研究(3):4-20.

[42] 张成思,刘贯春,2015. 经济增长进程中金融结构的边际效应演化分析[J]. 经济研究,50(12):84-99.

[43] 刘瑞明,2011. 中国经济改革:背景、机制与挑战[J]. 经济学家(12):5-14.

[44] 刘瑞明,2011. 金融压抑、所有制歧视与增长拖累——国有企业效率损失再考察[J]. 经济学(季刊),10(2):603-618.

[45] 刘小玄,周晓艳,2011. 金融资源与实体经济之间配置关系的检验:兼论经济结构失衡的原因[J]. 金融研究(2):57-70.

[46] 刘志彪,2015. 资产短缺阶段我国经济结构失衡与发展动力重塑[J]. 红旗文稿(10):21-23.

[47] 卢峰,姚洋,2004. 金融压抑下的法治、金融发展和经济增长[J]. 中国社会科学(1):42-55,206.

[48] 陆岷峰,2013. 金融支持我国实体经济发展的有效性分析[J]. 财经科学(6):1-9.

[49] 陆家骝,2000. 金融资源积累与金融可持续发展[J]. 华南金融研究(4):3-5.

[50] 陆正飞,何捷,窦欢,2015. 谁更过度负债:国有还是非国有企业?[J]. 经济研究,50(12):54-67.

[51] 罗文波,2010. 金融结构深化、适度市场规模与最优经济增长:基于资本形成动态博弈路径的理论分析与经验证据[J]. 南开经济研究(2):98-116.

[52] 罗文波,张祖国,2010.金融体系发展、金融结构深化与经济增长:基于63个国家样本的面板协整分析[J].经济与管理研究(6):32-42.

[53] 马草原,李成,2013.国有经济效率、增长目标硬约束与货币政策超调[J].经济研究(7):76-89.

[54] 马静,田利辉,2015.新常态经济、市场化改革和中国金融风险:第二届中国金融发展学术论坛综述和改革建言[J].经济研究,50(3):187-189,192.

[55] 马勇,2010.金融结构、银行发展与经济增长[J].财经科学(2):10-17.

[56] 马勇,李镏洋,2015.金融变量如何影响实体经济:基于中国的实证分析[J].金融评论7(1):34-50,124-125.

[57] 潘珊,龚六堂,李尚骜,2017.中国经济的"双重"结构转型与非平衡增长[J].经济学(季刊),16(1):97-120.

[58] 逄金玉,2012.金融服务实体经济解析[J].管理世界(5):170-171.

[59] 彭俞超,2015.金融功能观视角下的金融结构与经济增长:来自1989—2011年的国际经验[J].金融研究(1):32-49.

[60] 平新乔,2013.公有制经济·国有经济·国有企业[J].经济科学(6):18-21.

[61] 戚晓曜,苏基溶,2011.金融发展与中国的经济增长:从储蓄动员型向市场配置的消费型经济转变[J].技术经济与管理研究(8):82-87.

[62] 齐兰,王业斌,2013.国有银行垄断的影响效应分析:基于工业技术创新视角[J].中国工业经济(7):69-80.

[63] 强国令,闫杰,李刚,马长发,2015.资源配置效率:市场还是政府?:来自中国上市公司的经验证据[J].上海经济研究(6):53-60.

[64] 钱水土,周永涛,2011.金融发展、技术进步与产业升级[J].统计研究,28(1):68-74.

[65] 阮拥英,周孝华,2017.创投机构与创业企业双边匹配的实证研究:兼论

我国创投市场的匹配效率[J]. 系统工程,35(3):1-11.

[66] 任碧云,杨克,2020,. 引入金融背景高管人员与企业资本结构调整:基于民营上市公司的证据[J]. 财经理论与实践,41(03):88-93.

[67] 沈军,白钦先,2006. 金融结构、金融功能与金融效率:一个基于系统科学的新视角[J]. 财贸经济(1):23-28,96.

[68] 盛松成,2014. 社会融资规模理论与实践[M]. 北京:中国金融出版社.

[69] 施兵超,1993. 弗莱的金融发展模型[J]. 财经研究,19(5):59-63.

[70] 孙俊,2014. 金融结构演化与经济增长质量研究[D]. 南京:南京大学.

[71] 陶春生,2015. 金融发展测度方法的优化路径分析[J]. 管理世界(12):176-177.

[72] 田代臣,2010. 金融结构优化与经济发展研究[D]. 成都:西南财经大学.

[73] 田树喜,恽晓方,王毅,2012. 中国金融资源配置对经济增长作用的实证分析[J]. 东北大学学报(社会科学版),14(5):399-405.

[74] 田树喜,白钦先,2012. 金融约束、金融倾斜与经济增长:基于中国金融资源配置的经验研究[J]. 上海金融(12):3-7.

[75] 万树平,李登峰,2014. 具有不同类型信息的风险投资商与投资企业多指标双边匹配决策方法[J]. 中国管理科学,22(2):40-47.

[76] 汪红驹,李原,2018. 金融业增加值与高质量金融发展关系研究:基于国际比较视角[J]. 经济纵横(2):61-71.

[77] 王定祥,李伶俐,冉光和,2009. 金融资本形成与经济增长[J]. 经济研究,44(9):39-51,105.

[78] 王凌云,2012. 新兴经济体金融发展能促进全球金融稳定吗?:对“资产短缺”假说的质疑[J]. 学术界(12):111-119,277-279.

[79] 王澎波,于涛,王旺平,2017. 金融发展、金融结构与经济增长:基于省级面板数据的分析[J]. 经济问题探索(1):120-127.

[80] 王晓勇,唐敦兵,楼佩煌,2008. 基于设计公理的多属性决策方法[J]. 西南交通大学学报(3):392-397.

[81] 王春超,赖艳,2017. 金融抑制与企业融资渠道选择行为研究[J]. 经济评论(5):51-63.

[82] 王宇伟,李寒舒,2019. 银行业结构与中小企业融资:来自微观和宏观层面的经验证据[J]. 会计研究(12):52-57.

[83] 王勋,Anders Johansson,2013. 金融抑制与经济结构转型[J]. 经济研究,48(1):54-67.

[84] 王永钦,高鑫,袁志刚,等,2016. 金融发展、资产泡沫与实体经济:一个文献综述[J]. 金融研究(5):191-206.

[85] 王正位,王思敏,朱武祥,2011. 股票市场融资管制与公司最优资本结构[J]. 管理世界(2):40-48.

[86] 王志强,孙刚,2003. 中国金融发展规模、结构、效率与经济增长关系的经验分析[J]. 管理世界(7):13-20.

[87] 文胜,2006. 双边匹配理论及其在中国信贷市场中的应用[D]. 武汉:华中科技大学.

[88] 吴凤平,朱玮,程铁军,2016. 互联网金融背景下风险投资双边匹配选择问题研究[J]. 科技进步与对策,33(4):25-30.

[89] 吴建新,刘德学,2014. 中国经济增长中的规模扩张与结构调整:一种生产前沿方法[J]. 暨南学报(哲学社会科学版),36(1):81-96.

[90] 吴泽熙,买金星,2015. 双边匹配理论及在中国的适用性研究[J]. 经济研究导刊(7):13-14.

[91] 辛祥晶,武翠芳,王峥,2008. 当代金融结构理论综述与最优金融结构[J]. 经济问题探索(6):139-143.

[92] 许光建,许坤,卢倩倩,2019. 货币政策、社会融资结构与实体经济发展[J]. 山西财经大学学报,41(1):1-16.

[93] 邢军峰,范从来,2014.“资产短缺”假说、测度及中国的应对[J].南京社会科学(2):17-22,32.

[94] 徐思远,洪占卿,2016.信贷歧视下的金融发展与效率拖累[J].金融研究(5):51-64.

[95] 颜慧,2010.中国金融资产结构的失衡与调整[J].中国金融(12):69-70.

[96] 闫先东,朱迪星,2018.货币政策与企业投融资行为:基于最新文献的述评[J].金融评论,10(3):94-111,125.

[97] 杨涤,2011.金融资源配置论[M].北京:中国金融出版社.

[98] 杨胜刚,阳旸,2018.资产短缺与实体经济发展:基于中国区域视角[J].中国社会科学(7):59-80,205-206.

[99] 杨秀萍,薛阳,2015.戈德史密斯金融发展理论中的金融边界思想[J].沈阳师范大学学报(社会科学版),39(2):59-61.

[100] 易纲,2020.再论中国金融资产结构及政策含义[J].经济研究,55(3):4-17.

[101] 易纲,宋旺,2008.中国金融资产结构演进:1991—2007[J].经济研究(8):4-15.

[102] 尹雷,2013.最优金融结构分析基于微观经济学视角[J].商业时代(28):55-56.

[103] 尹雷,赫国胜,2014.金融结构与经济发展:最优金融结构存在吗?:基于跨国面板数据的GMM估计[J].上海金融(2):10-14,116.

[104] 尹应凯,艾敏,2020.金融科技、银行业结构与中小企业融资:基于新结构经济学的视角[J].上海大学学报(社会科学版),37(2):19-32.

[105] 于成永,2016.金融发展与经济增长关系:方向与结构差异——源自全球银行与股市的元分析证据[J].南开经济研究(1):33-57.

[106] 余超,杨云红,2016.银行竞争、所有制歧视和企业生产率改善[J].经济科学(2):81-92.

[107] 余剑,2010.金融资源行业配置效率研究的优化模型构建与应用[J].财政研究(5):43-47.

[108] 余静文,2013.最优金融条件与经济发展:国际经验与中国案例[J].经济研究,48(12):106-119.

[109] 余维彬,2011.全球经济运行的新解说:简评"资产短缺"假说[J].银行家(7):40-41.

[110] 余永定,覃东海,2006.中国的双顺差:性质,根源和解决办法[J].世界经济(3):31-41.

[111] 袁开洪,文胜,2008.中国信贷市场匹配机制的再设计[J].当代经济科学(3):70-76,126.

[112] 张成思,刘贯春,2016.最优金融结构的存在性、动态特征及经济增长效应[J].管理世界,(1):66-77.

[113] 张成思,张步昙,2015.再论金融与实体经济:经济金融化视角[J].经济学动态(6):56-66.

[114] 张淦,范从来,郭传辉,2015.中国存在金融资产短缺吗?:基于金融资产供求的初步判断[J].南京社会科学(10):9-16,25.

[115] 张淦,高洁超,范从来,2017.资产短缺、家庭资产配置与商业银行转型[J].金融论坛,22(2):13-24.

[116] 张淦,管弋铭,范从来,2017.金融资产短缺与约束型资产替代[J].现代经济探讨(6):24-31.

[117] 张建平,2015.最优金融结构与金融结构缺口研究[J].吉林金融研究(1):6-12.

[118] 张米尔,王德鲁,2003.产业转型中项目机会研究的匹配矩阵方法[J].

数量经济技术研究(9):138-142.

[119] 张慕濒,孙亚琼,2014.金融资源配置效率与经济金融化的成因:基于中国上市公司的经验分析[J].经济学家(4):81-90.

[120] 张庆君,李雨霏,毛雪,2016.所有制结构、金融错配与全要素生产率[J].财贸研究,27(4):9-15,23.

[121] 张庆君,苏明政,闵晓莹,2014.市场化能提高金融资源配置效率吗?[J].会计与经济研究,28(3):92-103.

[122] 张一林,龚强,荣昭,2016.技术创新、股权融资与金融结构转型[J].管理世界(11):65-80.

[123] 赵建,章月明,2010.转轨经济中的货币扩张与经济增长[J].金融研究(1):77-94.

[124] 赵瑞政,王文汇,王朝阳,2020.金融供给侧的结构性问题及改革建议:基于金融结构视角的比较分析[J].经济学动态(4):15-32.

[125] 中国经济增长前沿课题组,张平,刘霞辉,等,2012.中国经济长期增长路径、效率与潜在增长水平[J].经济研究,47(11):4-17,75.

[126] 中国经济增长与宏观稳定课题组,张平,刘霞辉,等,2007.金融发展与经济增长:从动员性扩张向市场配置的转变[J].经济研究(4):4-17.

[127] 朱闰龙,2004.金融发展与经济增长文献综述[J].世界经济文汇(6):46-64.

[128] 邹晓梅,张明,高蓓,2014.资产证券化的供给和需求:文献综述[J].金融评论,6(4):99-111,125-126.

[129] H.钱纳里,S.鲁宾逊,M.赛尔奎,1989.工业化和经济增长的比较研究[M].上海:上海三联书店出版.

[130] (美)R.I.麦金农,1988.经济发展中的货币与资本[M].卢骢,译.上海:三联书店上海分店.

[131] ALLEN F, QIAN J, QIAN M, 2005. Law, Finance and economic growth in

China[J]. Journal of Financial Economics,77(1):57-116.

[132] APERGIS N, ARTIKIS P G, KYRIAZIS D, 2015. Does stock market liquidity explain real economic activity? New evidence from two large European stock markets[J]. Journal of International Financial Markets, Institutions and Money,38:42-64.

[133] DEMIRGUC-KUNT A, FEYEN E, LEVINE R, 2011. Optimal financial structures and development: The evolving importance of banks and markets.

[134] BARTRAM S M, WANG Y H, 2015. European financial market dependence:An industry analysis[J]. Journal of Banking & Finance,59: 146-163.

[135] BECK T,DEMIRGUC-KUNT A,2006. Small and medium-size enterprises: Access to finance as a growth constraint[J]. Journal of Banking & Finance,30(11):2931-2943.

[136] BECK T, DEMIRGÜÇ-KUNT A, SINGER D, 2013. Is small beautiful? financial structure,size and access to finance[J]. World Development,52: 19-33.

[137] BEKAERT G, HARVEY C R, LUNDBLAD C, 2005. Does financial liberalization spur growth? [J]. Journal of Financial Economics,77(1): 3-55.

[138] BOLTON P, FREIXAS X, 2000. Equity, bonds, and bank debt: Capital structure and financial market equilibrium under asymmetric information [J]. Journal of Political Economy,108(2):324-351.

[139] BOYREAU-DEBRAY, G, 2003. Financial Intermediation and Growth: Chinese Style[D]. World Bank Policy Research Working Paper.

[140] BRISSIMIS, S. N. AND N. S. Magginas, 2005. Changes in financial

structure and asset price substitutability: A test of the bank lending channel[J]. Economic Modelling,22(5):879-904.

[141] CABALLERO R J,FARHI E,GOURINCHAS P O,2008. An equilibrium model of "global imbalances" and low interest rates [J]. American Economic Review,98(1):358-393.

[142] CABALLERO, R. J, 2006. On the Macroeconomics of Asset Shortages [D]. MIT and NBER working paper,No. 6.

[143] CABALLERO R J,FARHI E,GOURINCHAS P O,2008. An equilibrium model of "global imbalances" and low interest rates [J]. American Economic Review,98(1):358-393.

[144] CAMPELLO M,GRAHAM J R,HARVEY C R,2010. The real effects of financial constraints: Evidence from a financial crisis [J]. Journal of Financial Economics,97(3):470-487.

[145] CASTRO F,KALATZIS A E G,MARTINS-FILHO C,2015. Financing in an emerging economy: Does financial development or financial structure matter? [J]. Emerging Markets Review,23:96-123.

[146] CHANG P C,JIA C X, WANG Z C,2010. Bank fund reallocation and economic growth: Evidence from China [J]. Journal of Banking & Finance,34(11):2753-2766.

[147] CHEN J Q,IMAM P,2013. Causes of asset shortages in emerging markets [J]. Review of Development Finance,3(1):22-40.

[148] CHU L K,2020. Financial structure and economic growth nexus revisited [J]. Borsa Istanbul Review,20(1):24-36.

[149] HSU D H, 2007. Experienced entrepreneurial founders, organizational capital, and venture capital funding [J]. Research Policy, 36 (5): 722-741.

[150] DELTUVAITĖV, SINEVIČIENĖL, 2014. Research on the relationship between the structure of financial system and economic development[J]. Procedia - Social and Behavioral Sciences,156:533-537.

[151] KEMME D M,2005. Financial structure and economic growth: A cross-country comparison of banks, markets and development[J]. Comparative Economic Studies,47(4):710-712.

[152] D'ERASMO P N, MOSCOSO BOEDO H J,2012. Financial structure, informality and development[J]. Journal of Monetary Economics,59(3):286-302.

[153] DURUSU-CIFTCI D, ISPIR M S, YETKINER H, 2017. Financial development and economic growth: Some theory and more evidence[J]. Journal of Policy Modeling,39(2):290-306.

[154] SHAW E S, JOHN G, G URLEY, 1955. Financial Aspects of Economic Development[J]. American Economic Review,(45):516-522.

[155] SHAW E S, JOHN G G URLEY, 1960. Money in a Theory of Finance [M]. Washington, DC: brooking.

[156] GURLEY J G, SHAW E S,1956. Financial intermediaries and the saving-investmentprocess[J]. The Journal of Finance,11(2):257-276.

[157] ECKHARDT J T, SHANE S, DELMAR F,2006. Multistage selection and the financing of newventures[J]. Management Science,52(2):220-232.

[158] ERGUNGOR O E,2008. Financial system structure and economic growth: Structurematters[J]. International Review of Economics & Finance, 17 (2):292-305.

[159] FRANKEL, J. A, 2006. Global Imbalances and Low Interest Rates: An Equilibrium Model vs. A Disequilibrium Reality[D]. KSG Working Paper No. RWP06-035.

[160] FRANKLIN ALLEN, DOUGLAS, GALE, 2001. Comparing Financial Systems[M]. MIT Press, Cambridge.

[161] FUNG M K, 2009. Financial development and economic growth: Convergence or divergence? [J]. Journal of International Money and Finance, 28(1):56-67.

[162] GEORGOPOULOS G, HEJAZI W, 2009. Financial structure and the heterogeneous impact of monetary policy acrossindustries[J]. Journal of Economics and Business, 61(1):1-33.

[163] GIANNETTI M, YU X Ys, 2015. Economic development and relationship-basedfinancing[J]. Review of Corporate Finance Studie, 4(1):69-107.

[164] GIGLIO S, SEVERO T, 2012. Intangible capital, relative asset shortages andbubbles[J]. Journal of Monetary Economics, 59(3):303-317.

[165] GOODHART C A E, 2014. The parlous state of macroeconomics and the optimal financialstructure[J]. International Review of Financial Analysis, 36:78-83.

[166] HU M, ZHANG J, CHAO C, 2019. Regional financial efficiency and its non-linear effects on economic growth inChina[J]. International Review of Economics & Finance, 59:193-206.

[167] HUANG H, FANG W, MILLER S M, 2014. Banking market structure, liquidity needs, and industrial growthvolatility[J]. Journal of Empirical Finance, 26:1-12.

[168] IVASHINA V, SCHARFSTEIN D, 2010. Bank lending during the financial crisis of 2008[J]. Journal of Financial Economics, 97(3):319-338.

[169] BRAU J C, FAWCETT S E, 2006. Initial public offerings: An analysis of theory andpractice[J]. The Journal of Finance, 61(1):399-436.

[170] GRAHAM J R, HARVEY C R, 2001. The theory and practice of corporate

finance: Evidence from thefield[J]. Journal of Financial Economics, 60 (2/3): 187-243.

[171] JOVANOVIC B, 2014. Misallocation andgrowth[J]. American Economic Review, 104(4): 1149-1171.

[172] KIM D H, LIN S C, CHEN T C, 2016. Financial structure, firm size and industrygrowth[J]. International Review of Economics & Finance, 41: 23-39.

[173] KING R G, LEVINE R, 1993. Finance, entrepreneurship andgrowth[J]. Journal of Monetary Economics, 32(3): 513-542.

[174] KORAJCZYK R A, LEVY A, 2003. Capital structure choice: Macroeconomic conditions and financialconstraints[J]. Journal of Financial Economics, 68 (1): 75-109.

[175] LEE CC, HSIEH M F, YANG S J, 2014. The relationship between revenue diversification and bank performance: Do financial structures and financial reforms matter? [J]. Japan and the World Economy, 29: 18-35.

[176] LEVINE R, 2002. Bank-based or market-based financial systems: Which is better? [J]. Journal of Financial Intermediation, 11(4): 398-428.

[177] LIANG Q, TENG J Z, 2006. Financial development and economic growth: Evidence fromChina[J]. China Economic Review, 17(4): 395-411.

[178] LIN J Y, SUN X F, WU H X, 2015. Banking structure and industrial growth: Evidence fromChina[J]. Journal of Banking & Finance, 58: 131-143.

[179] LIN J Y, SUN X F, JIANG Y, 2013. Endowment, industrial structure, and appropriate financial structure: A new structural economicsperspective [J]. Journal of Economic Policy Reform, 16(2): 109-122.

[180] LUINTEL K B, KHAN M, 1999. A quantitative reassessment of the

finance-growth nexus: Evidence from a multivariateVAR [J]. Journal of Development Economics, 60(2): 381-405.

[181] LUINTEL K B, KHAN M, LEON-GONZALEZ R, et al, 2016. Financial development, structure and growth: New data, method and results [J]. Journal of International Financial Markets, Institutions and Money, 43: 95-112.

[182] LUINTEL K B, KHAN M, ARESTIS P, et al, 2008. Financial structure and economicgrowth [J]. Journal of Development Economics, 86(1): 181-200.

[183] PAGANO M, 1993. Financial markets and growth anoverview [J]. European Economic Review, 37(2/3): 613-622.

[184] MAXWELL J. F RY, 1994. Money, Interest, and Banking in Economic Development [M]. Johns Hopkins University Press.

[185] MENDOZA E G, QUADRINI V AND RIOS-RULL J V, 2007. Financial integration, financial deepness and global imbalances [R]. NBER Working Paper, No. 12909.

[186] MERTON, C. MERTON. AND BODIE, ZVI, 1995. A Conceptual Framework for Analyzing the Financial Environment [M]. The Global Financial System: A Functional Perspective, Harvard Business School Press.

[187] MIA M A, NASRIN S, CHENG Z, 2016. Quality, quantity and financial sustainability of microfinance: Does resource allocation matter? [J]. Quality & Quantity, 50(3): 1285-1298.

[188] MOLLAAHMETOǦLU E, AKCALı B Y, 2019. The missing-link between financial development and economic growth: Financial innovation [J]. Procedia Computer Science, 158: 696-704.

[189] MORCK R, YEUNG B, ZHAO M Y, 2008. Perspectives on China' s outward foreign directinvestment [J]. Journal of International Business

Studies,39(3):337-350.

[190] NDIKUMANA L, 2005. Financial development, financial structure, and domestic investment: Internationalevidence [J]. Journal of International Money and Finance,24(4):651-673.

[191] NEUSSER K, KUGLER M, 1998. Manufacturing growth and financial development:Evidence from OECDcountries[J]. Review of Economics and Statistics,80(4):638-646.

[192] OBSTFELD M, ROJOFF K, 2009. Global Imbalances and the Financial Crisis:Products of Common Causes[R]. Paper Prepared for the Federal Reserve Bank of San Francisco Asia Economic Policy Conference.

[193] OUYANG Y F, LI P, 2018. On the nexus of financial development, economic growth, and energy consumption in China: New perspective from a GMM panel VARapproach[J]. Energy Economics,71:238-252.

[194] PATRICK H T, 1966. Financial development and economic growth in underdevelopedcountries [J]. Economic Development and Cultural Change,14(2):174-189.

[195] PENG Q S, 2019. Financial frictions, entry and growth: A study ofChina [J]. Review of Economic Dynamics,34:267-282.

[196] PRADHAN R P, ARVIN M B, HALL J H, et al, 2014. Causal nexus between economic growth, banking sector development, stock market development, and other macroeconomic variables: The case of ASEANcountries[J]. Review of Financial Economics,23(4):155-173.

[197] PROCHNIAK M, WASIAK K, 2017. The impact of the financial system on economic growth in the context of the global crisis: Empirical evidence for the EU and OECDcountries[J]. Empirica,44(2):295-337.

[198] RAJAN R G, 2001. Financial systems, industrial structure, andgrowth[J].

Oxford Review of Economic Policy, 17(4):467-482.

[199] RAJAN, R. G, 2006. Investment Restraint, the Liquidity Glut, and Global Imbalances [R]. Comments at the Conference on Global Imbalances organized by the Bank of Indonesia in Bali.

[200] REUTEN G. The rate of profit cycle and the opposition between Managerial and Finance Capital; a discussion of 'Capital III' Parts Three to Five

[201] RIOJA F, VALEV N, 2004. Finance and the sources of growth at various stages of economicdevelopment[J]. Economic Inquiry, 42(1):127-140.

[202] LEVINE R, 2002. Bank-based or market-based financial systems: Which is better? [J]. Journal of Financial Intermediation, 11(4):398-428.

[203] SALAS S, 2018. On financial deepening and long-Rungrowth[J]. Journal of Economics, 123(3):249-276.

[204] SHLEIFER A, VISHNY R W, 2010. Unstablebanking [J]. Journal of Financial Economics, 97(3):306-318.

[205] GIGLIO S, SEVERO T, 2012. Intangible capital, relative asset shortages andbubbles[J]. Journal of Monetary Economics, 59(3):303-317.

[206] SUH N P, 1990. The principles of design [M]. New York: Oxford University Press.

[207] SUH N P, 2001. Axiomatie design: advances and applications [M]. NewYork: Oxford University Press Inc.

[208] SUH N P, 1995. Designing-in of quality through axiomaticdesign [J]. IEEE Transactions on Reliability, 44(2):256-264.

[209] TAN Z B, YAO Y, WEI S J, 2015. Financial structure, corporate savings and current accountimbalances [J]. Journal of International Money and Finance, 54:142-167.

[210] WU G L,2018. Capital misallocation in China:Financial frictions or policy distortions? [J]. Journal of Development Economics,130:203-223.

[211] YARTEY C A, 2008. Financial development, the structure of capital markets, and the global digital divide [J]. Information Economics and Policy,20(2):208-227.

[212] YEH C C,HUANG H,LIN P C,2013. Financial structure on growth and volatility[J]. Economic Modelling,35:391-400.

[213] ZHANG J,WANG L F, WANG S S,2012. Financial development and economic growth:Recent evidence from China[J]. Journal of Comparative Economics,40(3):393-412.

[214] ZHANG Y,ZHAI L,SUN H J,2019. Does the level of financial leasing matter in the impact of bank lending on economic growth:Evidence from the global market (2006-2016) [J]. Finance Research Letters, 30: 352-359.